읽는 양육서 / 신앙의 기초 1

주 예수 그리스도의 은혜

| 이강천 지음 |

쿰란출판사

읽는 양육서 / 신앙의 기초 1

주 예수 그리스도의 은혜

추천사

성령님의 도우심으로 집필된 신앙의 기초 시리즈

이강천 목사님께서 은퇴하신 후 수원에 정착하시고 우리 교회에 출석하심으로 매주 함께 예배드릴 수 있는 은혜를 누리고 있습니다. 그것만으로도 감사한 일인데, 하나님의 은총 가운데 목사님과 함께 교회 교역자들이 영성 훈련을 하면서 목사님의 영성을 전수받을 수 있는 기회가 있었습니다. 영성훈련을 하는 동안 새 가족을 위한 책을 쓰셔야겠다는 성령님의 감동을 받았다고 말씀하셨고, 중간중간 집필의 어려움에 대해 말씀하실 때는 함께 기도하며 응원해 드렸습니다.

그동안 목사님들을 대상으로 영성훈련을 해오셨던 목사님께서 새 가족들을 위한 책을 쓰시는 것이 쉽지 않았을 것입니다. 쉽게 쓰려고 하시는데 쓰다 보면 자꾸 어려워진다고 말씀하셨습니다. 그래서 초고를 완성하신 후 새 가족들에게 원고를 읽게 한 후 읽은 소감을 들으시는 수고까지 아끼지 않으셨습니다. 쓰시는 동안 집필 분량을 욕심내지 않고, 막히면 산책하시면서 사진도 찍고 또다시 글을 쓰시면서 완성하신 책입니다.

성령님의 감동하심을 따라 집필된 책이므로 분명 새 가족들에게 큰 영감을 불어넣을 것이라 확신합니다. 신앙생활을 처음 시작하는 새 가족들이 이해하기 쉽도록 신앙의 기본적 주제를 대화 형식으로 풀어내신 목사님의 탁월한 지혜가 돋보입니다. 새 가족들에게 반복하여 읽을 수 있도록 권면해도 좋을 것이며 새 가족 양육 리더가 함께 읽으면서 공부해도 좋을 것입니다. 성령님의 도우심으로 집필된 신앙의 기초 시리즈를 통해 새 가족들의 신앙의 기본기가 든든해지고, 그 기초 위에 지혜로운 건축가로 아름다운 집을 우뚝 세울 수 있는 계기가 될 것을 믿으며, 기쁨으로 이 책을 추천합니다.

2021년 11월
수원교회 담임목사 이정환

추천사

인생의 길을 찾지 못할 때
대화하고 싶은 사람을 찾는다

　이 책을 읽는 독자들에게 하나님의 은혜가 마음에 흐르게 될 것이다. 읽기만 해도 전도가 되고 신앙의 기초가 세워지고 신앙이 성장하는 책이다. 우리 인생을 행복하고 풍요롭게 만들기 위해 꼭 만나야 할 분이 있다. 영원하시며 우리의 생명 되신 우리 구주 예수 그리스도이시다. 이 책을 읽은 후 난 예수님과 함께 여행을 마치고 내가 가야 할 길을 확신하게 되었다.

　이 책은 대화체 스토리텔링(storytelling) 형식으로 쓰여 있다. 신앙생활을 처음 출발하는 새 신자나 신앙생활을 다시 새롭게 시작하기를 원하는 분들이 아주 편안하게 주님과 대화하며 여행을 하는 즐거움과 안식을 느낄 수 있을 것이다.

　신앙은 기초가 중요하다. 이 책은 저자의 긴 인생 여정 속에서 삶과 몸으로 경험한 예수 그리스도의 은혜와 하나님의 사랑과 성령님과 교통했던 실제 체험을 기록하고 있다. 두 형제와 떠나는 1박 2일 여행을 통해 "하나님과 예수님이 어떤 분이신가?" 그리고 "성령 하나님은 어떤 분이신가?"를 성경적인 관점과 삶의 경험이 농축된 대화체로 서술하였다. 이 책은 영적 성장을 목표로 하고 있다.

이 책은 지금 이 시대에 읽고 싶은 책으로서, 돌담에 속삭이는 대화처럼 여행 중 자연과 대화로 성경 말씀을 자연스럽게 스며들게 한다. 강압적이거나 주입식이 아닌 대화로 가랑비에 옷 젖는 것처럼, 콩나물시루에 물을 주듯 대화를 이끌어 가고 있다.

이미 저자는 많은 책들을 집필하였는데, 이 책 안에는 그동안 저술한 책들의 알짜배기 내용이 담겨 있다. 우리는 인생의 길을 찾지 못할 때 대화하고 싶은 사람을 찾는다. 나는 이 책 속에서 저자와 대화하고 있음을 느낄 수 있었다.

이 책의 특징은, 하나님께서 창조하신 자연을 카메라 렌즈에 담아 하나님의 말씀을 선명하게 보여 주고 있다는 것이다. 시골 돌담에 속삭이는 햇살처럼 정답게 저자와 자동차로 유적지 여행을 하면서 행복한 성경 속 시간 여행이 될 것이다. 자연 속에서 하는 하나님과의 친밀한 동행, 말씀 묵상, 중보기도, 하나님이 주시는 영감과 아이디어로 글쓰기를 즐겨 하는 저자의 마음이 이 책에 녹아 있다.

글을 쓰는 사람은 다른 사람이 무심히 지나치는 것도 유심히 다시 보고 영감을 얻는다. 저자는 무엇이든 허투루 지나치지 않고 눈을 씻고 사물과 자연을 통해 주시는 찰나의 메시지를 카메라 렌즈에 담았고 이야기로 담았다. 우리는 저자가 성경과 자연을 통해 하나님을 보는 능력이 배양되어 있고 영적 감각이 탁월함을 볼 수 있다. 무심코 지나칠 법한 것들을 글과 사진으로 담아 놓았다.

나는 좋은 글을 읽을 때, 맛있는 음식을 먹을 때 소중한 사람이 생각난다. 나 혼자 알기에는 아깝다는 생각이 들기 때문이다. 자연 속에서 주는 메시지와 찰나의 순간은 렌즈에 담아 놓지 않으면 안개처럼 사라진다. 누구나 오랫동안 기억하고 싶고 보전하고 싶은 것들이 있을 것이다. 저자는 그런 영적인 메시지를 글로, 사진으로 이 책을 집필하였다. 말로 하면 금방 사라지지만 글로 남겨놓으면 그 이야기의 수명이 길어진다. 무심코 지나칠 수 있는 영감을 글로 기록해 놓으면 희미했던 생각들과 화상이 더 선명해지는 것을 볼 수 있다.

글을 쓰는 사람은 인생을 두 번 사는 느낌이 든다고 한다. 글쓰기는 누군가를 사랑하는 과정임을 알 수 있다. 첫째는, 하나님을 사랑하고 둘째는, 영혼을 사랑하는 마음이다. 저자는 은퇴 이후에도 집필 활동을 통해 삼모작 인생을 살고 있다. 신앙생활을 처음 출발하는 분들과 자기 성장을 갈망하는 분들에게 이 책을 꼭 추천하고 싶다.

2021년 11월
신덕교회 담임목사 김양태

추천사

목회자는 목회의 가치와 방향이
더욱더 선명해질 것입니다

"사람은 비전만큼 살고 기도만큼 이룬다."

바나바훈련원에서 저자에게 배운 귀한 가르침이 지금도 귀에 생생하게 들려옵니다. 스승의 가르침을 따라 저는 주일마다 성도들과 함께 또 이렇게 선포합니다.

"표제를 넘어 실제를 경험하며 원리를 넘어 원형을 이룹시다."

아마도 이 선포의 영향으로 제가 이 글을 쓰고 있는 것 같습니다. 어느 날 저에게 이강천 목사님이 원고를 보낼 테니 읽고 추천서를 쓰라고 하셨을 때 저는 적잖게 당황했습니다. 하지만 제자이기에 순종할 수밖에 없었습니다. ⁽힘없이⁾ "예?" 애매한 대답을 하고서는 목회 일정으로 잊어버리고 있었는데 또다시 목사님께로부터 전화가 온 것입니다. '목사님께서는 왜 나보고 추천사를 쓰라고 하실까? 그리고 그것도 한없이 부족한 나에게 부탁하실까?' 한동안 이 물음을 가지고 기도하면서, 그리고 이렇게 결론을 내렸습니다.

"첫째, 추천서를 쓰려면 책을 읽어야 하기에 책 읽기 싫어하는 나를 읽게 하기 위함이고, 둘째, 단순하고 무지한 내가 깨달은 대로 실천하게 하기 위함이고, 끝으로, 여러 모로 부족한 나를 목사님이 가르친 코미멀 비전에 더 열심하라고 미시는구나!"

책은 보통 머리로 읽지만 이 책만큼은 가슴으로 읽으면 좋겠습니다. 한 권씩, 아니 한 주제씩 읽고 기도하면서 이강천 목사님이 기도실에서 하나님으로부터 들은 음성이 이 책을 읽는 동안 우리의 귓가에도 생생하게 들려지기를 소원합니다.

책이 들려주는 이야기를 듣다 보면, 우리가 하나님 앞에서 어떤 존재인가, 또한 어떻게 살아야 하나 하는 질문들에 대한 확신 있는 답을 가진 인생이 되어 갈 것이고, 성도들의 확실한 변화를 경험할 것입니다. 더불어 목회자는 목회의 가치와 방향이 더욱더 선명해질 것입니다. 성도들도 변화될 것입니다. 또 우리의 교회는 행복하고 아름답게 변할 것이라 믿습니다. 그래서 저는 이 책을 우리 성도들과 함께 구입하여 읽을 것이며, 최대한 많은 목회자들에게 나눌 것입니다. 그리스도인 누구라도 심지어 비그리스도인도 이 책을 읽어 볼 것을 강력하게 추천합니다.

2021년 11월
참된교회 담임목사 김현복

추천사

마음으로 영으로 읽고
사용하기를 추천한다

'말이 아니라 글로 하는 양육!'

아무리 다양한 사람들이 많이 모였다 할지라도, 그들은 성별이라는 기준으로 남자 그룹과 여자 그룹 둘로 갈라지듯이, 설교나 양육이나 신앙훈련까지도 여러 다양한 방법으로 할 수 있겠으나, 우리는 두 종류로 할 수 있겠다. 말이라는 수단으로 하는 듣는 설교나 양육이나 훈련, 그리고 글이라는 수단으로 하는 읽는 설교나 양육이나 훈련일 것이다.

이강천 목사님은 평생 주님의 말씀을 가르치실 때마다 곧 바울이 성경을 가르칠 때 "누가 주의 마음을 알아서 주를 가르치겠느냐 그러나 우리가 그리스도의 마음을 가졌느니라"(고전 2:16)라는 말씀같이, 주님의 마음을 알고 주님의 마음을 가르치기 위해 몸부림치신 분으로, 이번 코로나 팬데믹 시대에 자유로이 만날 수 없는 안타까움을 글이라는 수단으로 읽는 양육과 읽는 훈련 방법을 극대화하기 위하여 누구라도 쉽게 읽어 알 수 있도록 신앙의 기초 진리들을 이야기 식으로 꾸몄다.

읽기를 통한 비대면 훈련과 중간중간에 세 명씩 이루는 대면모임에서 나눔으로, 말씀 속에 담겨 있고 때론 숨겨져 있는 주의 마음을 이번 교재를 통해 가르치기로 뜻을 정하시고, 변화가 일어나는 부흥을 꿈꾸시며 신앙의 기초 8권을 지으셨다.

많은 이들이 이 책을 마음으로 영으로 읽고 사용하기를 추천한다.

2021년 11월
우리사랑교회 담임목사 한남기

추천사

신앙생활의 정상에 오르기 원하신다면
'이 책 좀 꼭 읽어 보시길'

만년설이 뒤덮인 히말라야 고산지대 에베레스트를 올라가기 위해서는 철저한 준비와 강인한 체력과 정신력 외에도 꼭 필요한 사람이 있는데, 그는 바로 '셀파'입니다. 셀파는 흔히 등반가의 짐을 날라 주는 단순 보조인으로 생각하는 경우가 많은데, 천만의 말씀입니다. 1953년 5월 29일, 세계 최고봉 에베레스트 정상에 첫발을 디딘 사람은 뉴질랜드인 '에드먼드 힐러리'와 셀파 '텐징 노르가'였습니다. 히말라야의 위대한 산악인 곁에는 항상 위대한 셀파가 함께 있었습니다.

작은 교회의 평범한 목회자인 저에게 교회 성장은 마치 거대한 에베레스트산과 같았습니다. 결코 오를 수 없는 산과 같았습니다. 그런 저에게 셀파가 되어 주셔서 늘 함께해 주신 분이 이강천 목사님입니다. 아니 저뿐만 아니라 한국교회에 교회 성장이라는 정상에 오른 목회자분들 곁에는 셀파 이강천 목사님이 계셨습니다. 목사님이 교회 성장의 정상에 오른 주인공이 될 수 있음에도 불구하고, 묵묵히 함께 동행하는 무명의 셀파 역할을 하신 이강천 목사님을 더욱 존경하지 않을 수가 없습니다.

팔십을 바라보는 연세에도 불구하고 집필 활동을 통해 여전히 교회 성장의 정상을 향해 오르는 수많은 목회자들에게 셀파의 역할을 감당하시는 목사님의 열정과 사명감에 경의를 표할 뿐 아니라 감사를 드립니다.

이번에 출간하신 《읽는 양육서/신앙의 기초》 시리즈를 통해, 처음 신앙생활을 시작하는 분들뿐 아니라 오랜 신앙생활을 하신 분들도 꼭 필독해야 할 신앙 교과서임을 믿어 의심치 않습니다. 이 책을 읽으면서 목사님께서 늘 하시던 말씀이 생각납니다.

"교회 성장, 본질이 묘책이다."

신앙생활의 성장 역시 본질이 답임을 고백하게 합니다.

부족한 저에게 추천사를 부탁하실 때 목사님의 심정은 아마도 "임 목사! 이 책 좀 꼭 읽어봐"라고 말씀하시는 것 같아 부끄러웠습니다. 아무리 준비를 많이 하고 강인한 체력과 정신력이 준비되어도 셀파의 안내를 받지 않으면 에베레스트 정상에 오를 수 없듯이, 신앙생활의 정상에 오르기 원하신다면 '이 책 좀 꼭 읽어 보시길' 추천 드립니다. 어느 날 우리 모두 정상에서 뵙겠습니다.

2021년 11월
거진교회 담임목사 임채식

소감문

이 모든 게 우연이 아니라
하나님께서 계획하시고 역사하심을

어느 날 문득 아들이 다니는 교회에 가고 싶은 마음이 생겼습니다.
"아들! 나 교회 나가고 싶어."

너무 놀란 아들과 같이 2020년 2월 첫 교회에 입문했습니다. 그런데 야속하게 코로나 사태로 인하여 1년을 교회에 못 가고 보내다가, 2021년 2월 굳은 마음으로 교회를 다니기 시작했습니다.

교회에서 실시하는 새 가족 교육도 받고, 손 모아 기도하는 것도 배우고, 앱으로 깔아준 성경을 읽어도 이해가 잘 안 되어서 성경이 너무 어렵다고 하고 있을 즈음에, 최성애 전도사님으로부터 초신자를 위한 책을 쓰시는 목사님의 원고를 읽어 보라고 해서 걱정은 되었지만 받아 들고 집에 와서 읽어 내려갔습니다.

일단 어려웠습니다. 그러나 한 번 읽어 이해 안 되는 게 초신자로서 당연하겠지 싶어 다시 읽었습니다. 저자인 이강천 목사님을 따라

다니며 여행하는 느낌으로 읽어 내려갔습니다. 두 번 세 번 차츰차츰 끝까지 읽고 나니 내 입에서 기도가 자연스럽게 나오게 되고 책을 읽으면서 자연스럽게 아멘 아멘 소리가 나왔습니다. '아, 내게도 성령님이 함께하시는구나! 하나님은 우리를 정말 사랑하시는구나'라는 것이 느껴지면서 하나님의 자녀 됨을 감사드렸습니다. 그리고 '너의 무리와 함께하라'는 기도가 조금씩, 아침 기도와 저녁 기도로, 우리 구역 한 분 한 분 중보기도에서 가족 전도 기도까지 하게 되는 나를 발견하게 되었습니다. 책 원고를 먼저 읽는 사람으로 선택된 것이 이보다 더한 감사가 없다고 생각이 됩니다.

이웃까지 사랑하라는 말씀을 늘 생각하게 되고 실천하려고 합니다. 이제 하나님을 알아가는 저로서는 이 책이 최고의 선물인 것 같아 감사합니다. 이 모든 게 우연이 아니라 하나님께서 계획하시고 역사하심을 믿음으로 감사하며 "아멘" 합니다.

가정이 천국이 될 수 있도록 해야 함을 다짐하게 되고, 마지막 권에서 제가 어디로 가야 하는지를 알게 되어 주님 다시 오시는 날까지 말씀과 사랑과 기도로 나아가려고 합니다.

저에게 이런 은혜를 주신 하나님께 감사드리고 이강천 목사님께 감사드립니다. 이런 기회를 갖도록 추천해 주신 최성애 전도사님께도 감사드립니다.

2021년 11월
수원교회 장년교구 김형숙

소감문

스스로 답을 하며 다시 한번
정리해 볼 수 있는 좋은 교재

아직 수원교회에 출석한 지 얼마 되지 않은 저에게, 이강천 목사님은 제가 감히 만나 뵐 수 없는 높은 위치에 계신 분이라고만 막연히 생각하고 있었습니다. 그런 제게 목사님께서 쓰고 계시는, 새 신자용 교재를 먼저 읽어 볼 수 있는 기회가 생긴 것만으로도 기쁜데, 이렇게 소감문을 나눌 수 있다니 정말 영광입니다.

저는 신앙생활을 시작한 지 아직 3년이 조금 안 된, 아주 초신자는 아니라고 할 수 있지만, 그래도 아직 초신자의 입장이라고 생각하며 배워가려 하고 있습니다. 그리고 제가 청년이기에, 이 책에 등장하는 초신자 두 청년인 동주와 완규의 입장에 이입되어 읽게 되었고, 그러다 보니 마치 제가 목사님께 직접 가르침을 받고 설명을 듣고 있는 느낌이라, 책의 내용이 더 잘 이해되고 와 닿는 부분도 많았습니다.

이강천 목사님께서는, 대학에서 목회자가 되려는 학생들을 가르치셨고, 이미 목사가 되신 분들을 가르치셨기 때문에 오히려 아무것도 모르는 백지상태의 초신자용 책을 쓰시기가 더 어려우셨을 텐데, 그래서 책 초반에는 '초신자가 저렇게 수준 높은 질문을 하고, 답을 하고, 정리를 한다고?'라는 생각이 들어 조금 어렵게 느껴지기도 했습니다.

하지만 책을 읽어갈수록, 우리가 처음 영어 공부를 할 때, 단어를 먼저 외우고 알아가는 것처럼, 초신자에게는 낯설고 어려울 수 있는 기독교적 핵심 용어부터 잘 정리해주고 있어 내용을 이해하는 데 큰 도움이 되었습니다. 그리고 중요한 부분은 반복적으로 말씀해 주셔서 책을 읽으며 저 스스로도 앞부분 내용을 다시 떠올리며 정리할 수 있는 시간을 가질 수 있었습니다.

설명만으로 책이 쓰여졌다면, 오히려 내용이 더 어렵고 딱딱하게 느껴질 수 있었을 것 같은데, 목사님과 청년들이 여행을 하며 나누는 대화 형식으로 쓰여 있다 보니, 훨씬 쉽고 재미있게 읽을 수 있었습니다. 설명을 해주실 때도, 적절한 비유와 간증을 섞어 얘기해주시니 더욱 이해가 쉬웠습니다. 특히 신앙생활을 시작하며 저 역시 성경을 읽는 규칙이나 표본이 있는지와 헌금에 대한 부분, '기도는 어떻게 하는 걸까?' 등 궁금한 내용이 많았는데, '이걸 누구한테 물어보면 혹시 날 이상하게 생각하지는 않을까?'라고 고민하고 궁금했던 내용까지 언급해 주셔서 참 좋았습니다.

감사하게도 저는 신앙생활을 시작할 때, 주님께서 제게 좋은 동역

자들을 많이 붙여 주셨습니다. 초신자인 저도 이해하기 쉽게 말씀을 전해주셨던 강준석 목사님, 다들 저보다 어리지만 많이 챙겨주고 나눠 주었던 수원교회 청년교구 공동체, 그리고 저보다 먼저 신앙생활을 하고 있던 제 친한 친구들과, 심지어 친한 친구의 동생이 수원교회의 부목사로 사역을 하고 계셔서, 제가 신앙생활을 하며 교회에 적응하고 교제하는 데 정말 큰 도움을 주었습니다.

지금은 사임하시고 강변교회로 부임하신 강준석 목사님께서 늘 강조하셨던 부분이 있습니다. 바로 '질문'이었습니다. 내가 모르는 건 다른 사람들도 모른다며, 모르는 것을 부끄러워하지 말고 질문하라고 하셨습니다. 그래서 저도 처음에는 '이 내용, 나는 아직 초신자니, 나만 모르는 거 아니야? 이런 걸 여쭤봐도 될까?'라고 생각하고 주저했던 부분이 많았는데, 이제는 저는 아직 초신자가 맞고, 모르는 게 많은 건 당연하다 생각해서 많이 여쭤보게 되었고, 그렇게 제 신앙도 조금씩 성장할 수 있었던 것 같습니다.

이강천 목사님께서도, 책에서 두 청년들의 질문에 대해 "그것도 모르나?" 혹은 "그런 질문은 왜 하나?"라는 말씀이 전혀 없이 질문에 잘 대답해 주셔서, 이 책을 읽는 초신자 독자들이 제가 느끼고 경험했던 것처럼, 모르는 내용을 질문하는 게 전혀 부끄러운 일이 아니라는 것과, 질문을 통해 자신이 더 성장할 수 있음을 깨닫게 될 것 같습니다.

이 책을 읽으면 내용이 체계적으로 정리되고 설명되어 있어, 초신자에게는 당연히 큰 도움이 됩니다. 모태신앙으로 신앙생활을 하고 계신, 그리고 오랜 시간 계속 신앙생활을 해오신 성도님들에게도 이미 자신이 알고 있고, 많이 들어왔을 내용들이지만, 책에서 언급된 질문에 스스로 답을 하며 자신이 알고 있는 부분을 다시 한번 정리해 볼 수 있는 좋은 교재가 될 것 같다는 생각이 많이 들었습니다.

   개인적으로 저는 책 읽기와, 잘은 못 쓰지만 글쓰기를 좋아하고 즐겨 합니다. 그래서 저는 책을 쓰는 작가들이 무척 존경스럽고 대단하다고 생각합니다. 창작의 고통이라는 말이 있는 것처럼, 글 쓰는 일이 결코 쉽지 않다는 걸 너무 잘 알고 있기 때문입니다. 그래서 이 책을 최대한 초신자에게 도움이 되게 하시려고, 초신자의 수준까지 고민하며 써 내려가셨을 이강천 목사님이 더욱 존경스럽고 대단하시다고 느꼈습니다. 목사님께서 갖고 계신 많은 은사들을 건강한 교회를 세우고 하나님의 영광을 위해 사용하시게 되길 바랍니다. 또한 목사님께서 갖고 계신 달란트가 더 귀하게 쓰임 받길 간절히 소망하며, 목사님의 건강을 위해 기도하며 이 글을 마칩니다.

   제게 좋은 기회가 주어짐에 다시 한번 감사의 말씀을 드립니다. 책이 출간되는 데 있어, 제가 목사님께 조금이나마 도움이 되었으면 좋겠습니다. 그래서 맞춤법이나 어려운 용어에 대한 의견을 일일이 표시해 드립니다. 감사합니다.

2021년 11월
수원교회 청년교구 박민화

머리말

읽는 사람마다 신앙생활의
즐거움과 축복을 누리게 되기를

코로나 팬데믹으로 비대면 시대에 초신자들의 신앙 성장을 돕는 '읽는 양육서'를 써야 한다는 부담감이 밀려왔다. 기도하면서 다루어야 할 주제들을 정해 보고 써 나갈 방향과 형태들을 생각해 볼 때 좀 난감하게 느껴지는 게 있었다. 그동안 나는 신학대학교에서 신학생을 가르치거나 바나바훈련원에서 목사들을 가르치다가 은퇴한 사람이다. 과연 초신자들의 눈높이로 내가 내려가 글을 쓸 수 있을까 하는 것이 가장 힘든 것이었다.

다루는 주제들은 우리가 믿는 바 성경 교리의 중심을 다루는 주제들인데, 이것을 기독교 문화와 용어에 익숙지 않은 초신자를 상정하고 쓰려고 하니 보통 고민되는 게 아니었다. '세상에 새 신자 양육 교재가 얼마나 많은데 이걸 내가 꼭 써야 할 이유가 있나?' 하며 망설여지는 때도 많았다.

그러나 지금까지 나온 양육 교재들이 대부분 교재를 중심으로 누가 가르치는 교재들이었고, 만나서 가르치기 어려운 이러한 전염병이 창궐하는 비대면 시대를 겨냥한 것이 못 되므로, 비대면 시대에 읽기만 하면 도움이 될 만한 책을 쓴다는 것은 가치 있는 일이라고 여겨져, 중간에 포기하지 않고 끝까지 씨름하게 되었다.

반년 걸려 시리즈로 8권의 초고를 완성하게 되었다. 그러나 정말 이것이 초신자들에게 소통이 되는 글일지는 자신이 없었다. 그래서 실제로 초신자에게 먼저 읽고 소감을 들어보기로 했다. 저자가 적을 두고 있는 수원교회 담임(이정환) 목사님께 말씀드리고, 새 신자 담당(최성애) 전도사님의 추천을 받아 두 분의 초신자에게 우선 제1권의 원고를 드리고 읽은 소감을 들어보기로 했다. 한 분은 교회 나온 지 약 2년 남짓 되는 청년 신자였고, 한 분은 약 4개월 된 장년으로 진짜 새 신자였다.

제1권을 읽은 소감을 우선 들어보았다. 기독교 배경이 없는 분들로서는 새로 접하는 기독교 용어라든지 그 이념과 개념들이 낯설어서 힘들었다고 했다. 좀 무거운 숙제가 내게 주어지는 느낌이 들었

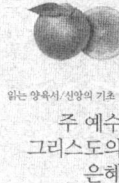

읽는 양육서/신앙의 기초 1
주 예수
그리스도의
은혜

다. 이제 4개월 된 자매님은 첫 권 원고를 네 번 읽었다고 하면서 네 번 읽으니까 이해되기 시작했다고 한다. 2년 된 신자인 청년은 두 번 읽으니까 이해되었다고 한다.

그래서 나머지 제2권부터 8권까지를 읽겠느냐고 물었다. 그런데 놀랍게도 물론 읽겠다며 적극적이었다. 제2권부터 8권까지를 다 나누어주고 한 달 후에 다시 한번 만나서 소감을 들어보기로 했다.

약속된 한 달이 되어 제2차 만남을 갖고 소감을 들었다. 우선 얼마나 힘들었는가를 들어보니, 놀랍게도 제1권에서 씨름하고 이해되기 시작한 후 2권부터는 전혀 힘들이지 않고 읽어나가면서 깨달음과 감동이 왔다고 했다. 이야기식으로 써 놓아서 자신들이 그 이야기 속 주인공이 된 느낌으로 저자와 동행하는 즐거움이 있었다는 소감이었다.

그러고는 자신들이 하나님께 가까워지고, 기도가 그냥 성장하는 경험을 하고, 삶의 태도가 달라지게 되었으며, 신앙생활의 묘미가 다가왔다는 고백이었다. 나는 크게 격려를 받았고, 이 원고를 출판할 용기를 얻었다. 그분들이 들려준 소감과 이해하기 어려운 용어나 개념들을 조금씩 다듬어서 《읽는 양육서 / 신앙의 기초》 8권을 세상에 내어놓는다. 읽는 사람마다 신앙생활의 즐거움과 축복을 누리게 되기를 기도하는 마음이다.

《읽는 양육서 / 신앙의 기초》는 총 8권의 시리즈로 구성되어 있으며 각 주제는 다음과 같다.

읽는 양육서 / 신앙의 기초 1 / 주 예수 그리스도의 은혜
읽는 양육서 / 신앙의 기초 2 / 하나님의 사랑
읽는 양육서 / 신앙의 기초 3 / 성령의 교통하심
읽는 양육서 / 신앙의 기초 4 / 너희 무리와 함께
읽는 양육서 / 신앙의 기초 5 / 경건생활은 어떻게 하나?
읽는 양육서 / 신앙의 기초 6 / 무엇이 성공인가?
읽는 양육서 / 신앙의 기초 7 / 우리 가정은 천국일까?
읽는 양육서 / 신앙의 기초 8 / 어디로 갈 것인가?

읽는 양육서 /성경의 기초 1
주 예수
그리스도의
은혜

    아울러 초고를 읽고 소감을 나누어 준 두 분의 소감문을 여기에 싣고 나눈다. 그리고 김형숙, 박민화 두 분 자매님들께 감사의 마음을 전하고 싶다. 추천서를 써 주신 이정환, 김양태, 김현복, 한남기, 임채식 목사님들께 감사의 마음을 전한다. 이분들은 내 원고를 보고 조언을 해주신 분들이고, 자신들의 교회의 신자들 양육을 위해 사용하기로 아예 100세트씩을 선주문해 주신 분들이다. 너무나도 고맙고 큰 격려를 받는다.

2021년 11월
이강천

읽는 양육서/신앙의 기초 1

주 예수
그리스도의
은혜

차례

추천사_ 이정환(수원교회 담임목사) • 4
　　　　김양태(신덕교회 담임목사) • 6
　　　　김현복(참된교회 담임목사) • 9
　　　　한남기(우리사랑교회 목사) • 11
　　　　임채식(거진교회 담임목사) • 13

소감문_ 김형숙(수원교회 장년교구) • 15
　　　　박민화(수원교회 청년교구) • 17

머리말 • 21
프롤로그 • 29

1.＿ 본질적인 나 _ 35

2.＿ 죄인 된 나 _ 60

3.＿ 은혜로 주시는 구원 _ 83

4.＿ 회복된 인생 _ 95

프롤로그

주 예수 그리스도의
은혜

- 완규 형제, 동주 형제와 함께 1년 동안 한 달에 한 번씩 여행도 하고 성경 이야기와 더불어 신앙생활에 관한 이야기를 나누게 된 것이 참 축복이네 그려. 특히 젊어서부터 하나님의 자녀 된 신분을 알고 하나님과 함께 인생을 살아간다는 것은 얼마나 축복된 일인데, 이 귀한 청년들과 내가 함께 친교를 나누게 되었으니 설레는 마음일세.
- 아직은 뭐 신앙생활이 어떤 것인지 잘 모르는 초보라서 선생님과 함께하며 가르침을 받고 삶을 나누게 된 것이 영광이고 큰 기대를 갖게 됩니다. 게다가 따분하게 방 안에서 공부하는 것이 아니고 여러 곳을 여행하면서 이야기를 나눈다니 저희도 설레는 마음입니다. 이번에는 어디로 여행을 시작하나요?
- 멀지 않은 곳이야. 팔당으로 가려고 하는데, 그 대신 춥지만 새벽

- 여행을 해야 하는데 괜찮겠나?
- 연세 드신 선생님이 문제지 젊은 우리야 이 정도 추위는 아무것도 아닙니다.
- 그래? 그러면 내일 새벽 5시 반에 우리 집 앞에서 만나지. 운전은 누가 할 것인가?
- 제가 좋지는 않지만 부모님께 물려받은 차가 있으니 운전하여 완규 형을 태우고 선생님 댁으로 5시 반까지 가겠습니다.
- 그래, 그러면 내일 새벽에 만나요.

- 굿모닝, 춥지 않게 입고들 왔나?
- 네, 문제없습니다. 어디로 갈까요?
- 일단 "정약용 생가 유적지" 검색하여 갑세.
- 약 40분에서 50분 걸리겠군요?
- 그래? 과히 멀지 않지?
- 오늘 우리 이야기의 첫 번째 주제는 무엇인가요?
- 오늘은 첫날인데 '축복, 진정한 축복이 무엇인가?'라는 주제로 시작하려고 하네.
- 축복 좋지요. 축복 받아야지.
- 자네들, 교회 예배에 참석하면서 예배하는 즐거움을 느끼는가?
- 글쎄요? 아직 예배하는 즐거움이 무엇인지 말할 수 있는 경지는 못 되고요, 조금 설레는 마음은 느낍니다.
- 그래? 설렘이 있다는 것만 해도 귀한 일이지. 그런데 예배 순서 중

에 맨 마지막 순서가 무엇이던가?
- 축도 말씀인가요?
- 맞아, 축도지? 축도란 뜻이 무엇인지 아나?
- 응? 축복 기도라는 뜻인가요?
- 맞지. 축복 기도라는 뜻이지. 그 내용도 유심히 들어보았나?
- 그 내용까지 파악하려고 집중하지 못한 것 같네요?
- 고린도후서 13장 13절에 나오는 바울 사도가 편지 글 마지막에 고린도 성도들을 축복하여 마감 인사하던 내용인데, 그 말씀을 가장 귀한 축복의 언어로 생각하여 교회 전통적으로 축도로 사용한다네. 그 내용은 이렇지.

> **고후 13:13** 주 예수 그리스도의 은혜와 하나님의 사랑과 성령의 교통하심이 너희 무리와 함께 있을지어다

- 뭐 부자가 되라든지, 건강하라든지, 성공하라는 내용이 아니네요?
- 세상 사람들이 생각하는 축복과는 차원이 좀 다르지?
- 좀 다른 정도가 아닌 것 같은데요? 전혀 달라요. "예수 그리스도의 은혜, 하나님의 사랑, 성령의 교통하심"이 함께하기를 축복한 것인데요? 이게 무슨 축복이지요?
- 전혀 축복 같아 보이질 않겠지? 이제 이게 무슨 축복이고 왜 축복인지 그 이야기를 나누기로 함세. 그중에 오늘은 **"주 예수 그리스도의 은혜"**에 대한 이야기를 하도록 하지. 이 은혜가 무슨 축복인

지 알려면 우리가 어떤 존재이고 왜 예수 그리스도의 은혜가 필요한지를 깨달아야 될 걸세. 그래서 오늘 이야기는 나 자신을 알게 되는 날이기도 할 것일세. 그래서 "나는 누구인가?"라는 명제, 즉 우리가 어떤 존재인가 하는 것을 성경을 통하여 알아보기로 하겠는데 어떤가? 자네들 자신이 얼마나 소중하고 귀한 존재인지 알고 있나?

- 뭐 그리 소중하고 귀한 존재인지는 잘 모르는데요?
- 아 그래? 그럼 요즘 나훈아가 불러서 화제가 되고 있는 '테스형!'이라는 노래를 누가 아는가?
- 저도 알기는 하지만 완규 형이 가수 뺨치게 노래를 잘합니다. 완규 형 한번 불러 보라고 하지요?
- 그래, 완규 군. 테스형 노래 한번 불러주겠나?
- 가수 뺨치는 정도는 못 되지만 노래하기를 좋아하니까 한번 부를 수는 있지요. 자, 갑니다.

어쩌다가 한바탕 턱 빠지게 웃는다
그리고는 아픔을 그 웃음에 묻는다
그저 와준 오늘이 고맙기는 하여도
죽어도 오고 마는 또 내일이 두렵다
아! 테스형 세상이 왜 이래 왜 이렇게 힘들어
아! 테스형 소크라테스형 사랑은 또 왜 이래

너 자신을 알라며 툭 내뱉고 간 말을
내가 어찌 알겠소 모르겠소 테스형

울 아버지 산소에 제비꽃이 피었다
들국화도 수줍어 샛노랗게 웃는다
그저 피는 꽃들이 예쁘기는 하여도
자주 오지 못하는 날 꾸짖는 것만 같다
아! 테스형 아프다 세상이 눈물 많은 나에게
아! 테스형 소크라테스형 세월은 또 왜 저래
먼저 가본 저 세상 어떤가요 테스형
가보니까 천국은 있던가요 테스형
아! 테스형 아! 테스형 아! 테스형 아! 테스형
아! 테스형 아! 테스형 아! 테스형 아! 테스형

- 우와 박수! 진짜 가수 뺨치는 노래 솜씨인데?
- 그런데 테스형 노래는 왜 갑자기 부르라고 하셨지요?
- 이 노래의 분위기가 어떤 것 같나? 인생이 힘들다는 것인가 희열이 넘친다는 것인가?
- 전체적인 흐름이 인생이 왜 이리 힘드냐는 것이고, 소크라테스는 "너 자신을 알라"는 말을 했다는데 자신은 인생이 무엇인지, 자신이 어떤 존재인지 잘 모르겠다는 내용인 것 같아요.
- 그렇지? 우리가 우리의 인생을 잘 살려면 나 자신이 어떤 존재인

지 알고 확신 속에 살아야 될 것 같지 않나? 어쨌든 "너 자신을 알라"고 말했다는 소크라테스의 말은 대단히 중요한 도전이라고 생각되네.
- "나는 누구인가?"라는 본질적인 질문에 대답을 가지고 사는 것은 대단히 중요하다고 생각됩니다.
- 그래서 성경이 가르치는 인생관을 확실하게 이해하고 자신의 삶에 확신을 가지고 살아가야 할 것 같지 않나?
- 그러겠지요?

1. 본질적인 나

- 성경 제일 첫 번째 나오는 창세기 1장 26-28절에 하나님이 인간을 어떤 존재로 창조하셨는지가 기록되어 있지. 동주는 운전 중이니 완규가 한번 읽어 주겠나?

> **창 1:26-28** [26]하나님이 이르시되 우리의 형상을 따라 우리의 모양대로 우리가 사람을 만들고 그들로 바다의 물고기와 하늘의 새와 가축과 온 땅과 땅에 기는 모든 것을 다스리게 하자 하시고 [27]하나님이 자기 형상 곧 하나님의 형상대로 사람을 창조하시되 남자와 여자를 창조하시고 [28]하나님이 그들에게 복을 주시며 하나님이 그들에게 이르시되 생육하고 번성하여 땅에 충만하라, 땅을 정복하라, 바다의 물고기와 하늘의 새와 땅에 움직이는 모든 생물을 다스리라 하시니라

- 고맙구나. 완규의 목소리는 노래할 때도 그렇고 성경 읽을 때도 그렇고 상당히 맑고 경쾌하군. 자, 여기 성경말씀 속에서 인간이 어떤 존재인가를 깨달아 보자고. 어떤 내용이 눈에 들어오나?

하나님의 형상/영성적 존재

- '하나님의 형상'대로 사람을 창조하였다고 하는데요. 그게 무슨 말이지요?
- 동주가 듣기만 하고도 아주 정확하게 찾아내는데? '하나님의 형상' 즉 하나님의 모양으로 사람을 창조하셨다는 것인데 무슨 뜻인지 쉽게 생각하자고. 사람이 하나님의 모양으로 창조되었다는 것은 사람이 하나님 닮은 꼴로 창조되었다는 말이 아니겠나? 가만 있거라, 동주는 누굴 닮았나?
- 갑자기 왜요? 누구 닮은 게 중요한가요? 저는 아버지 닮았다고 하던데요?
- 완규는 누굴 닮았던가?
- 저는 얼굴은 어머니 닮고 성격은 아버지 닮았다고들 하는데 그런 것 같습니다.
- 그래? 나는 얼굴도 성격도 아버지 쪽보다 어머니 닮았다는 소릴 듣곤 했는데, 여기 '사람이 하나님 닮았다'는 말을 들을 때 어떤 생각이 드나?
- 혹시 하나님의 아들 딸이란 말인가요?

- 원더풀! 그런 말 아니겠나? 하나님은 사람을 하나님의 자녀로 창조했다는 것이지. 그러니 내가 얼마나 소중한 존재인가? 완규도 동주도 말이야.
- 그래요? 하나님의 자녀라는 것은 굉장한 신분인데 한 가지 의문이 있는데요? 예수 믿는 사람이나 안 믿는 사람이나 다 하나님의 자녀라고 해야 하나요?
- 원래는 그렇게 하나님이 창조하셨다는 말이지. 그런데 어떤 문제가 있어서 모두 다 하나님의 자녀 된 특권을 누리지 못하고 고달픈 인생, 헤매는 인생을 살지만 원래 하나님은 하나님의 자녀로 인간을 창조하셨다는 말일세.
- 하나님의 자녀 된 특권을 왜 상실했는데요?
- 응, 그 문제는 조금 있다가 다시 알아보기로 하고, 일단은 원래 하나님이 의도하고 목적하고 창조한 인간의 본질 문제를 먼저 이해해 보자고. 여기 하나님의 형상에 대하여 조금 더 깨달아 볼 것이 있어. "하나님은 어떤 분인가? 하나님은 누구신가?"에 대하여도 논하려면 많은 시간이 필요한데 역시 다음으로 미루고, 한 가지 분명한 것은 하나님은 영이신데 인간도 **영을 가진 존재**로 만드셔서 하나님과 만나고 대화하고 교제하며 하나님과 함께 사는 존재로 창조하셨다는 점이 중요하지.
- 인간은 다른 동물과는 다르게 '영적 존재'라는 뜻인가요?
- 그렇다네.
- **"하나님과 대화하고 교제하며 하나님과 함께 사는 하나님의 자**

녀 된 존재"라고요? 대단한 신분인데 왜 그리 고생하고 헤매며 사는 인생이 된 것일까요?
- 그게 말이 안 되는 현실이지? 뭔가 문제가 있다는 것을 암시하는 것이 아니겠나?
- 그게 뭐냐는 것이지요?
- 급하기도 하군. 조금 있다가 그 문제를 다루기로 했지 않나? 우선은 하나님이 의도하신 인간의 모습을 먼저 확실하게 찾아 내자고.
- 뭐 또 다른 내용이 있나요?
- 조금 전에 읽은 그 성경 말씀 중에 무슨 더 중요한 내용이 있는지 찾아보게나.
- 아, 여기 자세히 보니까요 의문점이 하나 보이는데요?
- 그게 뭔가?

'우리' 이미지

- "우리의 형상을 따라 우리의 모양대로 우리가 사람을 만들고"라고 되어 있는데, 여기에 보면 하나님이 누구랑 상의하는 것처럼 나오거든요. '우리'가 누구인가를 알면 무슨 의미를 발견할 것 같은데요?
- 완규의 통찰력이 대단한데?
- '우리'라는 말은 단수가 아니고 복수인데, 하나님 혼자가 아니라 누구하고 상의하고 합의하면서 함께 창조했다는 뜻이겠는데요?

하나님께서 누구랑 상의하셨을까요? 천사들이랑 상의하신 것일까요?
- 동주의 상상력도 대단한데? 그렇게 생각하고 그렇게 해석하려는 사람들도 더러 있었다네.
- "더러 있었다네"라고 말씀하시는 것이 그게 아니라는 말씀인 것 같은데요?
- 눈치가 대단히 빨라. 그것보다 훨씬 심오한 진리라네. 그런데 이 진리를 설명하자면 초신자로는 좀 이해하기 힘들 것 같기도 한데?
- 무슨 진리인데요?
- **"삼위일체이신 하나님"**이라는 진리인데, 하나님은 세 인격을 가지신 분인데 세 분이 아닌 한 분이라는 말이라네.
- 그게 무슨 말이에요? 몸은 하나인데 머리가 셋 달린 분인가요?
- 아, 완규 형, 그 무슨 상상이 그래? 한 몸뚱이에 머리 셋이 달린 신이라고? 그게 하나님이야, 귀신이지?
- 셋인데 하나라고 하니까?
- 그래, 그런 상상도 할 법하지. 하나님은 유일하신 한 분인데 세 인격이 있어 그간에 서로 소통하고 상의하였다는 말인데, 성경을 전체적으로 이해하게 되면 무슨 말인지 감이 올 텐데 초신자들에게 삼위일체 하나님을 설명하려니 내가 진땀 나네. **본체 되신 하나님을 성부라 부르고, 인간의 육신을 입고 오신 예수님을 성자라 부르고, 우리 각자에게 찾아오시고 만나주시는 하나님의 영을 성령이라고 부르는데 그 성부, 성자, 성령은 한 하나님이라는 진**

리라네.
- 그게 무슨 말씀이세요? 하나님이 한 분이면 한 분이고, 세 분이면 세 분이지, 세 분인데 한 분이라, 그것은 영 이해하기 어렵습니다.
- 그렇지? 같은 범주에서 비교할 수 없는 것이긴 한데, 셋이면서 하나라는 개념이 있을 수 있다는 것만을 이해하기 위하여 태양을 한번 생각해 보게. 태양은 저 하늘에 본체가 떠있지? 그리고 그 빛이 이 땅에 내리지? 보이지 않지만 그 열이 우리 몸에 닿지? 본체와 빛과 열은 셋이지만 하나지?
- 그렇기는 하네요? 본체와 빛과 열은 셋인데 결국 태양은 하나라, 그렇게 말은 되는데요? 그래서 본체 되신 하나님, 사람이 되어 오신 예수님, 보이지 않지만 우리를 만나 주시는 성령님, 그렇게 세 분인데 한 하나님이시다 그 말이지요?
- 이해력이 상당히 좋아. 그래, 태양의 예처럼 기능의 다름 정도가 아니라 세 인격이 하나 되어 교제하고 소통하며 존재하는 절대 완전자가 하나님이라네. 그 정도로 이해하고 가자고. 그런데 이 '우리 형상', '우리 이미지'로 인간을 창조하셨다는 점이 대단히 중요해.
- 그게 무슨 의미인데요?
- 사람도 삼위일체적으로 살게 창조하셨다는 말이지. 하나님을 닮은 형상 가운데 삼위일체 형상도 닮았다는 말이야.
- 무슨 말씀인지 모르겠는데요?
- 하나님은 삼위일체 하나님이시고, 사람은 삼위일체 형상을 닮은

존재로 창조되어서 사람도 삼위일체로 살아가게 된다는 말일세.
- 사람도 셋인데 하나라고요?
- 하나님은 절대자요 완전자여서 자신 안에 삼위일체가 하나 되어 존재하지만, 인간은 유한한 피조물이어서 자신 안에 완성되어 있는 것은 아니고 관계의 삼위일체로 살도록 되어 있다는 말일세.
- 갈수록 어려워요! 관계의 삼위일체는 또 뭐지요?
- 사람은 '나와 너, 그리고 하나님' 관계 안에서 서로 대화하고 소통하고 교제하며 더불어 사는 존재라는 말일세.
- 나와 너, 그리고 하나님, 그렇게 삼위일체적으로 소통하고 교제하며 사는 존재라고요?
- 그렇다네. 사람은 처음부터 하나님의 '우리 이미지'로 창조되어 홀로 사는 존재가 아니라 더불어 사는 존재, 공동체적 인간이란 말이네.
- 그렇다면 사람은 홀로 사는 존재가 아니라 나와 너가 서로 소통하고 교제하며 사랑을 주고받으며 더불어 살고…가만 있자, 사람끼리만 더불어 사는 것도 아니고 하나님과 더불어 교제하며 하나님과도 사랑을 주고받으며, 삼위일체적 교제라면 이게 따로따로도 아니고 하나님 안에서 서로 사랑하며 사는 존재라는 말 같은데요?
- 완규가 이해력이 빠르군. 바로 그거야. 이것을 전문적인 용어로는 '코이노니아'라고 부르는데 인간은 코이노니아로 존재하는 것이라네.

- 코이노니아라고요? 그건 또 무슨 말인데요?
- 코이노니아는 신약성경이 기록되는 데 사용된 그리스어 단어를 그대로 사용한 것인데, 우리말로 번역하자면 '사귐, 친교 또는 교제'라는 뜻이지.
- 그러면 인간은 두 사람 이상이 서로 친교하며 사는 존재 또 하나님과도 친교하며 사는 존재라는 뜻인 모양인데요, 왜 그럼 그냥 친교라고 하지 않고 어려운 코이노니아라는 말을 쓰는 것인데요?
- 우리말 '친교'라는 말은 두 사람이 만나고 사귄다는 뜻은 나타내지만 하나님과의 친교라는 의미는 주지 못하는 것 같아서야. 성경적인 친교는 하나님과 나와 너의 삼위일체적 친교를 의미하기에, 그 의미를 함축해 주는 성경 원어를 그대로 쓰는 것이 좋겠다고 싶어 그리 사용하는 것이라네.
- 아, 그러니까 우리의 친교라는 용어에는 사람과 사람 간의 친교라는 차원은 있지만 하나님과의 친교라는 수직적 개념은 없고, 성경에서 말하는 친교는 하나님과 갖는 수직적 차원과 인간 상호간의 수평적 친교라는 두 차원이 있는데, 그 둘이 또 하나로 만나는 삼위일체적 친교라는 의미를 다 포함한다는 것인가 보네요?
- 원더풀, 동주가 이렇게 성경적 진리를 빨리 알아차린다는 게 신기하군. 대단한 이해력이야.
- 아이 선생님도? 뭐 그리 칭찬하시면 쑥스럽습니다. 그렇게 깨달아지네요?
- 선생님, 그런데 왜 사람들은 '너'라는 존재를 인정하려 하지 않

요? 남을 죽이고 내가 산다는 그런 사회란 말입니다. 이 성경말씀대로라면 '너'라는 존재는 결국 '나'를 나답게 하는 존재라고 보아야 하는데요? '너'가 없으면 '나'도 없는 것이지 않아요? 처음부터 다른 이와 더불어 살도록 창조된 게 인간인데 다른 이를 없애면 나도 없어지는 것이지 않아요? 그런데 다른 이를 죽이더라도 나는 살겠다 하는 것은 결국 나를 죽이는 결과인데, 왜 사람들은 다른 이를 미워하거나 질투하거나 상처 주고 심지어 죽이기까지 하는 것일까요?

- 완규가 위대한 진리를 깨달은 것 같네? **'너' 없이는 '나'도 없다는 진리 말이야.** 그래, 타락한 세상이지. 모두 죄인들이 된 거야. 어리석게 되고. 내가 아주 오래전에 산악인 남난희 씨가 부산 금정산에서 걷기 시작하여 산줄기를 타고 강원도 고성 휴전선까지 한 겨울 눈밭을 종주하여 등산한 수기를 써 책으로 낸 《하얀 능선에 서면》이라는 책을 읽은 적이 있는데, 그 책을 읽으면서 사람은 혼자는 못 사는 존재임을 실감한 적이 있다네.
- 무슨 이야기인데요?
- 혼자 겨울에 70여 일 동안 약 2천 리나 되는 산을 오르내리는 태백산맥 종주에 대한 수기야. 그런데 거기서 저자는 그렇게 말해. "감기 걸려 고생하고 동상 걸려 고생하고 수많은 고통을 경험하였지만 가장 고통스러운 것은 혼자 있다는 것이다."
- 고독이라는 것을 경험한 것이군요? 더불어 사는 존재인데 철저하게 혼자인 것이 고통이었군요?

- 혼자 있다는 것이 너무 외롭고 고통스럽고 심지어 미칠 지경이더래. 그래서 그 추운 산 능선에서 하루 걷기를 끝낼 때는 텐트를 쳐 놓고 제일 먼저 하는 일이 불을 피워 눈을 녹이고 그 물을 눈에 뿌려 눈을 뭉쳐서 눈사람을 만들어 놓는다는 것이야. 그리고 그 눈사람하고 대화를 한대.
- 눈사람하고 대화를 해요? 눈사람이 대화가 되나요?
- 결국 독백이지만 누군가 사람이 옆에 있다고 생각하고 혼자 주고받는 것이지. 그렇게라도 안 하면 미치겠더라는 것이야.
- 아하, 사람은 혼자 사는 존재가 아니라 더불어 친교하며 사는 존재라는 것을 철저하게 체험하는 일이 되었군요?
- 그래서 사람은 사회적 동물이라고 말하기도 하지만, 사실은 하나님이 창조한 인간이란 친교적 존재, 코이노니아적 존재라는 것을 깨닫는 것이 중요하지. 깨닫고 보면 너라는 존재는 나를 완성시키는 존재야. 아주 소중한 존재이지. 서로 친교하며 사랑하면서 살라고 창조한 나의 파트너란 말이야.
- **인간은 처음부터 '너'를 사랑하고 하나님을 사랑하며 친교하며 사는 친교적 동물이요 사회적 동물**이란 말이지요?
- 그렇다네. 그래서 인간 사회 안에서 **사랑이 최고 가치**라네. 하나님이 우리에게 말씀하신 계명 또는 명령 중에 가장 큰 계명, 가장 중요한 명령이 무엇인지 아나?
- 선생님, 우리는 아직 성경을 읽어보지 못한 초신자입니다. 물어 보시지 말고 가르쳐 주셔야 하지요?

- 그렇지? 그 말씀이 성경 마태복음 22장 37-40절에 있는데 찾기는 내가 찾아줄 테니 완규가 한번 읽어주게.

    마 22:37-40 [37]예수께서 이르시되 네 마음을 다하고 목숨을 다하고 뜻을 다하여 주 너의 하나님을 사랑하라 하셨으니 [38]이것이 크고 첫째 되는 계명이요 [39]둘째도 그와 같으니 네 이웃을 네 자신같이 사랑하라 하셨으니 [40]이 두 계명이 온 율법과 선지자의 강령이니라

    고맙네. 여기 첫째 되는 계명이 무엇이라고 하나?
- 마음을 다하고 목숨을 다하고 뜻을 다하여 하나님을 사랑하라고 하는데요?
- 왜 그렇겠나?
- 하나님과 사랑의 친교를 누리며 사는 것이 인간 본질이니까 그러겠지요?
- 훌륭하군. 바로 이해하고 짚어내는 게 훌륭해. 그럼 둘째 가는 계명은 무엇이라고 하나?
- 네 이웃을 네 자신과 같이 사랑하라고 하는데요?
- 그렇지, 그것은 왜 그렇겠나?
- 이웃과 더불어 서로 사랑하고 친교하며 살아가는 것이 인간이 창조된 인간 본질적 속성이니까 이웃이 곧 나 자신이라는 것이고, 이웃을 사랑하는 것은 곧 나를 사랑하는 것이고 나를 이루는 것이기 때문이 아닌가요?

- 동주도 대단한 이해력이야. 바로 그거야.
- 그렇다면 인간은 하나님을 사랑하는 것이 자기 성취요 이웃을 사랑하는 것이 곧 자기 성취네요. 결국 **우리는 하나님과 이웃을 사랑하기 위하여 힘쓰는 만큼 자기가 성취되고 보람 있고 행복할 것 같은데요?**
- 바로 그거야.
- 그런데 사람들이 살아가는 것을 보면 정반대로 살고 있는 것 같거든요?
- 그게 문제야. 뭔가 잘못된 것이지.
- 왜 그리 되었을까요?
- 아까 말한 대로 이 문제는 뒤에서 다루기로 하고, 원래 하나님이 창조하신 인간의 본질이 무엇이고 본질적 삶의 의미와 가치가 무엇인지 더 살펴보자고. 자네들이 초신자이기는 하지만 에덴동산이라는 말은 들어본 적이 있겠지?

에덴의 삶

- 에덴동산이란 말은 들어보긴 했지요. 뭐 이상향 같은 상징으로 쓰는 말 아닌가요?
- 아름답고 행복한 삶의 터전을 갖는 이미지인데, 하나님께서 타락하기 이전의 인간이 살아가는 환경을 조성하신 곳이 에덴동산이지. 이번에는 에덴동산의 삶이 어떠했는지 생각을 해보는 게 좋을

것 같군. 창세기 2장 8절에서 17절까지에 에덴 이야기가 있지. 완규가 한번 읽어 주겠나?

창 2:8-17 ⁸여호와 하나님이 동방의 에덴에 동산을 창설하시고 그 지으신 사람을 거기 두시니라 ⁹여호와 하나님이 그 땅에서 보기에 아름답고 먹기에 좋은 나무가 나게 하시니 동산 가운데에는 생명 나무와 선악을 알게 하는 나무도 있더라 ¹⁰강이 에덴에서 흘러 나와 동산을 적시고 거기서부터 갈라져 네 근원이 되었으니 ¹¹첫째의 이름은 비손이라 금이 있는 하윌라 온 땅을 둘렀으며 ¹²그 땅의 금은 순금이요 그곳에는 베델리엄과 호마노도 있으며 ¹³둘째 강의 이름은 기혼이라 구스 온 땅을 둘렀고 ¹⁴셋째 강의 이름은 힛데겔이라 앗수르 동쪽으로 흘렀으며 넷째 강은 유브라데더라 ¹⁵여호와 하나님이 그 사람을 이끌어 에덴 동산에 두어 그것을 경작하며 지키게 하시고 ¹⁶여호와 하나님이 그 사람에게 명하여 이르시되 동산 각종 나무의 열매는 네가 임의로 먹되 ¹⁷선악을 알게 하는 나무의 열매는 먹지 말라 네가 먹는 날에는 반드시 죽으리라 하시니라

하나님께서 사람이 살도록 조성해 준 동산인 에덴 동산에 무엇이 있는지 찾아보게.
- 선생님, 에덴이란 말에 특별한 의미가 있나요? 아무렇게나 붙인 이름은 아닐 것 같은데요?
- '에덴'(עדן)이라는 말은 즐거움, 기쁨, 행복이란 의미의 말로서 우리

가 보통 낙원이라고 부르지.
- 그렇다면 에덴이란 지명을 가진 곳에 동산을 창설하셨다기보다는 하나님이 즐겁고 풍요롭게 낙원 같은 동산을 창설하시고 그곳 지명을 에덴이라 불렀다는 것이 적당한 설명이겠네요?
- 맞아, 하나님께서 최초의 인간이 살아갈 환경을 세심하게 꾸며 주셨다는 거야.
- 낙원 같은 환경을 만들어 주셨다, 그 말이지요?
- 바로 그 점이야. 이제 하나님이 꾸며 준 에덴동산이 어떤 곳이었나? 거기에 무엇이 있었나 살펴보면서 우리가 잃어버린 것이 무엇이고 회복해야 할 것이 무엇인지 알아보도록 함세.
- 여기 9절에 이렇게 나와 있는데요? "여호와 하나님이 그 땅에서 보기에 아름답고 먹기에 좋은 나무가 나게 하시니 동산 가운데에는 생명 나무와 선악을 알게 하는 나무도 있더라" 전부 나무 이야기인데요? 나무만 심어 놓았던 모양이에요?
- 나무도 풀도 꽃도 열매도 있었겠지만 나무로 대표하여 포괄하도록 그렇게 기록한 것으로 이해한다네. 어떤 나무들이 있었는지 살펴보게.

- 잠깐만요. 선생님 다 왔습니다.
- 어, 그래 다 왔구나. 여기 주차장에 주차하고 호수 쪽으로 갑세. 거기서 우선 여명과 일출을 감상하자고.
- 우와, 뷰티풀. 여명 색깔이 신비스럽고 아름다운데요? 아니 여명

색이 이렇게 곱고 아름다운 줄 미처 몰랐는데 감탄입니다.
- 그래, 완규도 심미적인 감각이 대단한 것 같군. 잠시 후에 태양이 솟아오르면 또 다른 색감과 풍경이 연출될 거야.
- 저 건너편 나무의 그림자가 물에 비친 것도 아름답지 않아요?
- 맞아, 저 낮은 산 그림자도 멋지고.
- 선생님, 우리 이야기가 에덴 동산 이야기하다가 멈추었는데 여기도 에덴 동산처럼 아름다운 것 아니에요? 에덴 동산에 강이 많다고 했는데 여기만 해도 강과 호수, 산과 나무 거기다 황금빛 태양이 너무 어우러지는 풍경인데요?
- 그렇지? 자, 이제 걸어서 저 오른쪽 산 밑으로 가보세.
- 우와, 무슨 새 소리가 이렇게 시끄러워요?
- 저기 보게. 우리나라로서는 겨울 철새인 고니라고도 부르는 백조들이 이렇게 떼로 와서 이곳에서 지내고 있다네.
- 우와, 이 새가 그 유명한 백조예요? 차이코프스키가 작곡한 발레 모음곡으로 "백조의 호수"(Swan Lake)가 있는데 거기 나오는 새 이름인 백조와 같은 새란 말이지요?
- 그렇다네. 우리나라에서는 고니라는 이름으로 많이 부른다네.
- 우와 여기 몇십 마리, 아니 몇백 마리 되는 것 같네요?
- 내가 아는 대로는 백조가 가장 많이 모여 지내다가 가는 곳이 이 팔당댐인 것 같아. 자, 이제 조금 차로 옮겨 팔당댐으로 가보세. 아침 10시 전후해서 팔당댐 아래 부분으로 많이 날아와 앉는 경우가 많으니까, 거기서 날아내리는 백조를 감상하고 또 사진도 찍

기로 함세.
- 정약용 유적지에서 팔당댐까지는 멀지 않군요?
- 응, 댐을 지나서 아래 쪽으로 조금만 가다 보면 저기 주차할 곳이 있지? 저기 주차하게.
- 아, 여기는 강 분위기가 나는군요?
- 그렇지. 댐 아래 강이지. 이곳에서 기다리다 보면 여러 지역에서 저녁을 보낸 백조들이 이곳으로 날아와서 먹이 활동을 하게 될 것일세. 기다리면서 에덴 동산 이야기를 계속하지. 에덴에서 발견할 수 있는 게 무엇인가?

보기에 아름답고(Perfect Environment)

- 하나님은 에덴 동산에 **보기에 아름다운 나무**가 나게 하셨다고 했습니다. 이것은 하나님이 창설한 에덴 동산은 아름다운 동산이었다는 것을 가리키는 모양이지요?
- 그럴 것 같지? 하나님께서는 인간을 심미적인 존재로 만드셨고, 아름다움을 추구하는 인간의 심미적 욕구를 한껏 만족시켜 줄 수 있는 아름다운 동산을 만드신 것이 아니겠나?
- 사람이 살기 좋은 환경을 만드셨다는 말 같군요?
- 그렇다네. 사람 살기에 딱 좋은 환경, 완벽한 자연환경을 주셨다는 뜻이라네.
- 게다가 뒤에 가보면 비손 강이 흐르는 지역에는 금, 순금이 났다

고 하며 베델리엄, 즉 진주와 호마노 같은 보석도 있었다 하니 에덴 동산은 아름다움과 풍요로움을 지니고 있었을 것으로 확신이 가네요.
- 일단 에덴 동산이란 환경은 완벽한 환경이 아니었겠나? 완벽한 자연환경(perfect environment)!

먹기에 좋은(Perfect Economy)

- 그다음 또 무엇이 있나?
- **"먹기에 좋은 나무"**가 있는데요? 이것은 사람이 사는 데 꼭 필요한 의식주 문제를 해결한 풍요로움을 나타내는 말일까요?
- 그렇지 않겠나? 먹을 것이 풍성한 곳을 의미하며, 그것을 대표적으로 상징하여 의식주 걱정 없이 살 수 있는 풍요로운 동산을 만들어 주셨다는 것을 보여주는 말씀이라네.
- 그런데 선생님, 그 서술 방식이 지금 우리의 방식과는 다른 것 같아요.
- 뭐가 다른데?
- 금강산도 식후경이라는 말이 있듯이 먹기 좋은 나무를 앞세울 법한데, 여기 성경은 먹기 좋은 나무보다 보기 좋은 나무가 먼저 나오거든요?
- 동주가 재미 있는 발견을 한 것 같네? 우리의 지금 삶은 의식주 문제를 걱정하는 팍팍한 삶이지만 에덴에서는 의식주 걱정이 필요

없는 풍요로운 곳이니 먹는 것보다 보는 것이 앞에 있을 수 있다는 것이지. 그만큼 의식주 걱정 없는 풍요로운 곳을 오히려 확증하는 것이 아니겠나?

- '무엇을 먹을까? 무엇을 마실까?' 염려하는 것이 오늘날 우리의 처지인데 에덴 동산에서는 풍요를 누리며 살 수 있었다는 말이지요? 얼마나 풍성하면 먹는 것이 앞이 아니고 보는 것이 앞이었을까요?

- 그러게 말입니다. 타락한 세상에서는 금강산도 식후경이지만 에덴에서는 금강산이 식전경이였네요? 한마디로 의식주 문제로 걱정하는 그런 종류의 삶은 에덴 동산에는 없었다는 거지요?

- 완규와 동주가 잘 정리한 대로 에덴 동산에서는 의식주 걱정하는 일은 필요치 않은 풍성한 환경이었다네. 의식주 걱정은 타락한 인간에게 내려진 에덴 밖의 일이지. 하나님께서 기본적으로 주신 에덴에서는 의식주 걱정 없이 아름다운 자연을 즐길 수 있었던 게 아닌가?

- 그런데 왜 우리는 지금 의식주 문제를 걱정하며 살아야 하지요? 요즘 우리 같은 청년들은 불안하고 절망을 느낄 정도입니다. 취직은 안 되지요, 집값은 하늘 높은 줄 모르고 뛰어 오르지요, 암담하단 말입니다. 에덴 동산 이야기는 너무 꿈 같은 이야기 아닌가요?

- 동주 이야기가 현실적이긴 하지. 그러나 현실이 그렇다 해도 애당초 하나님의 계획은 인간이 의식주 걱정이나 하며 사는 존재로 만들지 않고 풍요로움과 아름다움을 누리며 살도록 축복하셨다

는 것이네. 우리가 잃어버린 것이지. 문제가 있었다는 것이야.
- 그 문제가 무엇일까요?
- 잠시 뒤에 다루기로 했지 않나? 일단 하나님이 원래 주신 것이 무엇인지 알아보고 잃어버린 것을 찾도록 하자고. 또 뭐가 있나?
- 선생님, 먹고 사는 문제가 팍팍한 세상에서 무엇이 문제인지는 나중에 이야기한다고 해도, 오늘 아침 식사는 해결해야 되지 않나요?
- 아, 참, 그렇지. 내 배낭 속에 우리 세 사람 먹을 샌드위치를 만들어 왔는데 먹으면서 기다리기로 하지.

- 샌드위치가 아주 맛있습니다.
- 시장이 반찬이라고 하지 않나? 벌써 9시가 다 되어 가니 무얼 먹어도 맛이 있겠지?
- 물론 배가 고파서이기도 하지만 진짜 샌드위치 맛있게 만드셨습니다. 여행할 때마다 샌드위치 만들어 오실 건가요?
- 괜찮다면 아침 식사 정도는 샌드위치로 내가 책임질게.
- 박수! 감사합니다.
- 먹으면서 계속 에덴 동산 이야기 이어갈까? 또 뭐가 발견되나?

생명나무(Perfect Life)

- 동산 중앙에 생명나무가 있었다는데요, 어떤 나무였을까요? 이 나

무의 열매를 먹으면 영생하는 그런 나무였을까요?
- 완규가 추론한 대로야. 먹으면 영원히 살 수 있는 생명나무지.
- 사람은 다 죽던데요?
- 문제가 생겼다는 것을 말하지 않았나? 원래 하나님은 영생할 수 있는 존재로 인간을 창조했다는 것이지. 그러나 자동적인 영생이거나 절대적인 영생은 아니었지. 하나님은 그 자신이 절대적으로 영생하시는 하나님이지만, 인간의 영생은 절대적인 게 아니라 상대적인 것이었어.
- 그게 무슨 말씀인데요?
- 인간의 삼위일체가 나와 너와 하나님과의 관계에서의 삼위일체로 상대적인 것이었듯이 영생도 상대적이었어. 영생하시는 하나님과의 관계에서만 영생할 수 있는 존재였다네. 그리고 그 관계를 나타내는 시금석이 생명나무와 선악을 알게 하는 나무였다네.
- 그게 어떻게 되는 것이라고요?
- 일단 인간의 영생은 절대적으로 인간 내면에 완전히 심겨진 것이 아니야. 생명나무의 열매를 먹는 동안 영생하는 상대적 영생이야.
- 철학적 용어 같기도 하고 잘 이해가 안 되는데요. 일단 생명나무의 열매를 먹는 동안은 계속 사는 것이지만, 생명나무의 열매를 안 먹고 그것을 거부하면 죽는 그런 것이란 말인가요?
- 그렇지.
- 우리가 지금은 영생을 하지 못하고 죽는 것을 보면 이 역시 무엇인가 문제가 있었다는 것이군요?

- 그렇다네. 또 무슨 나무가 있었던가?

선악과

- 선악을 알게 하는 나무도 있더라 하였는데요. 선악을 알게 하는 나무가 무슨 나무이지요?
- 소위 선악과라고 부르는 나무인데 이 나무는 무엇일까? 이 선악과 나무가 무엇인지는 이해하기가 쉽지 않다네. 일단은 이 나무의 열매가 먹는 것인가 먹지 말아야 하는 것인가? 이 열매가 사람을 살리는가 죽이는가를 먼저 생각해 보게.
- 뒤의 17절을 보면 이 나무의 열매는 먹지 말라고 했고, 먹으면 죽는다고 했는데요?
- 그렇다면 생명나무와 비교하면 어찌 되나?
- 완전 반대인데요. 그렇다면 동산 중앙에는 생명나무와 죽음나무가 있었던 셈이네요? 생명나무만 세우면 안 되나요?
- 그런 생각도 들지? 그런데 선악과의 열매에 독이 있어 그것을 먹으면 죽어버리는 그런 나무는 아니었다는 거야.
- 선악과 열매에 독이 들어 있어서 죽는 것은 아니라고요?
- 그렇다네. 창세기 이야기를 계속 읽다 보면 맨 첫 인간인 아담이 선악과를 먹자마자 바로 쓰러져 죽은 것은 아니더라고. 그대로 살아 있었어.
- 그러면 나무 열매가 문제가 아닌 것 같은데요? 그렇다면 이게 무

슨 의미이지요? 뭐가 죽음을 가져오고 어떻게 죽는 것이지요?
- 내 생각에는 이 생명나무와 죽음나무를 세운 것은 인간이 상대적 존재요, 관계적 코이노니아를 이루며 살게 되어 있다는 한계 인식과, 영생은 전적으로 영생하시는 하나님과의 관계에서 이루어진다는 것을 말해 주는 것으로 이해되거든. 하나님을 불신하고 떠나는 날 죽음이 온다는 것을 말씀하시려는 것이 아닐까 생각돼. 그래서 이 선악을 알게 하는 나무는 계명의 나무요 경고의 나무란 말이지. "생명나무의 열매를 먹고 살든지 죽음나무 열매를 먹고 죽든지는 너희의 선택에 달렸다. 너희는 자유인이야. 너희는 프로그램대로 작동하는 기계가 아니야. 너희는 나를 신뢰할 수도 있고 불신할 수도 있으며 너희는 나를 사랑할 수도 있고 사랑하지 않을 수도 있어. 나를 신뢰하면 생명나무의 열매만 먹고 영생하거라. 나를 불신하고 선악을 알게 하는 나무의 열매를 먹는 날에는 죽는 줄 알라." 그렇게 말씀하시는 것이 아닐까 싶어.
- 선악과 열매 속에 독이 들어 있어서 죽는 것이 아니라, 따먹지 말라는 하나님 말씀을 불신하고 불순종하는 것은 죽음이다, 그런 경고의 나무였다는 말인가요?
- 그런 셈이지. 경고의 나무요 계명의 나무라고 보아야 할 것이야.
- 경고의 나무, 계명의 나무? 어려워요, 선생님.
- 어렵다고? 그래? 조금 더 어렵게 이야기 해야 될까 보다.
- 선생님, 조금 쉽게 해달라니까 더 어렵게 말씀하신다고요?
- 너무 엄살 부리지 말고 잘 들어봐. 하나님은 인간을 하나님의 사

랑의 상대, 교제의 상대, 코이노니아의 상대로 지으셨기 때문에 인간은 기계적으로 작동하는 존재가 아니라 사랑과 신뢰로 살아가는 자유인이지. 선악과 속에 독이 들어 있지는 않지만 하나님을 불신하거나 불순종하면 죽는다는 경고요 계명이란 말이라네. 쉽게 말하면 하나님을 떠나서는 살 수 없다는 것을 말씀하시는 것 같지 않나?

- 아, 생명나무의 열매를 거절하거나 하나님의 말씀을 믿지 않고 하나님과의 코이노니아를 벗어나면 죽음이란 말인가요?
- 그렇지, 선악과에 독이 있어 죽는 것이 아니니까. 다만 선악과는 경고판이요 믿는가 안 믿는가의 시금석이란 말이지. 자, 이제 지금까지 살펴본 바 인간의 본질이 무엇이고 인간의 본래적 삶이 무엇인지 한번 정리해 보면 좋겠는데, 깨달은 대로 정리들 해 보게.
- **첫째**, 인간은 영적 존재이며 하나님과 함께 살게 되어 있는 하나님의 자녀다.

    둘째, 인간은 삼위일체 하나님의 '우리' 이미지로 창조되었으며 하나님과 나와 너의 친교 속에 서로 사랑하며 더불어 사는 코이노니아적 존재다.

    셋째, 인간은 하나님의 축복 속에 에덴, 즉 아름답고 풍요로운 낙원에 사는 풍성한 인생을 받았다.

    넷째, 인간은 영생하는 존재로 창조되었다.

    다섯째, 그러나 이 모든 것은 상대적인 것으로 하나님 안에서 누릴 수 있으며 하나님을 떠나면 상실이요 죽음이다.

이같이 정리되는데요?
- 원더풀, 동주가 완벽하게 이해하고 정리했네. 자, 그렇다면 어떻게 우리가 본질적인 삶을 상실했는지, 풍성한 삶을 누리지 못하는지 하는 질문을 거듭해 왔고 그 질문에 대한 답은 다음에 다루자고 미루어 왔는데, 이제는 그 이유를 알아 보기로 하지.

- 잠깐만요, 선생님 저거 보세요. 저기 백조가 떼로 날아오고 있어요.
- 우와 장관이네요. 떼로 날아와서 강으로 내려 앉네요?
- 약간 흐르는 물에 놀고 있는 물고기 잡아먹으러 오는 것 같아. 이건 사진 좀 찍고 가야 하겠는데.

- 선생님, 자연은 여전히 에덴 동산처럼 아름다운 것 아닌가요? 에덴 동산이라는 구역은 더 아름다웠을까요?
- 글쎄다. 자연 자체가 이렇게 아름다운데 에덴은 얼마나 아름다웠을까? 상상이 안 가는데 그 아름답고 풍요로운 에덴을 왜 상실했을까? 더불어 살라고 창조했더니 왜 서로 미워하고 죽이면서 살아갈까? 영원한 생명은 어찌 된 것인가? 너무 아쉽고 원통한데 왜 그리 되었을까를 이제 성경이 가르쳐 주는 바를 깨달아 보기로 하자고.
- 네, 뭐가 문제였나요?

2. 죄인 된 나

- 자, 인간에게 어떻게 문제가 발생하고 어떻게 타락하게 되었는지를 가르쳐 주는 성경을 읽어보도록 할까? 창세기 3장 1절부터 6절까지를 동주가 읽어 줄래?

> **창 3:1-6** ¹그런데 뱀은 여호와 하나님이 지으신 들짐승 중에 가장 간교하니라 뱀이 여자에게 물어 이르되 하나님이 참으로 너희에게 동산 모든 나무의 열매를 먹지 말라 하시더냐 ²여자가 뱀에게 말하되 동산 나무의 열매를 우리가 먹을 수 있으나 ³동산 중앙에 있는 나무의 열매는 하나님의 말씀에 너희는 먹지도 말고 만지지도 말라 너희가 죽을까 하노라 하셨느니라 ⁴뱀이 여자에게 이르되 너희가 결코 죽지 아니하리라 ⁵너희가 그것을 먹는 날에는 너희 눈이 밝아져 하나님과 같이 되어 선악을 알 줄 하나님이 아심이니라 ⁶여자가 그 나무를 본즉 먹음직도 하고

보암직도 하고 지혜롭게 할 만큼 탐스럽기도 한 나무인지라 여자가 그 열매를 따먹고 자기와 함께 있는 남편에게도 주매 그도 먹은지라

- 문제가 어떻게 진행되었나?
- 선생님, 여기에는 뱀이 등장하는데요? 뱀이 피조물 중 가장 간교하였다고 기록하고요. 뱀이 여자를 유혹해요. 옛날엔 뱀도 인간의 언어로 말을 했나요? 뱀은 어떤 존재이지요?
- 우선, 뱀은 그대로 뱀이었겠지? 이는 대체로 마귀(사탄)가 뱀으로 화신하여 와서 뱀의 입으로 말하였다고 해석한다네. 그러니까 마귀가 유혹했다는 말이지.
- 마귀는 또 뭔데요?
- 야 이거 질문이 꼬리를 무네. 마귀는 타락한 천사라고 이해해 두고 이야기를 진행하지. 악을 조장하고 하나님을 믿지 못하게 유혹하고 방해하는 악한 영이야. 성경에 뱀은 그 마귀를 상징한다는 것을 말하고 있어서 그렇게 해석한다네. 요한계시록에 두 차례나 뱀은 마귀요 사탄이라고 나와 있어.

> 계 12:9 큰 용이 내쫓기니 옛 뱀 곧 마귀라고도 하고 사탄이라고도 하며 온 천하를 꾀는 자라 그가 땅으로 내쫓기니 그의 사자들도 그와 함께 내쫓기니라

> 계 20:2 용을 잡으니 곧 옛 뱀이요 마귀요 사탄이라 잡아서 천 년

동안 결박하여

뱀을 통하여 여자를 유혹한 것은 마귀요 사탄이란 말이지.
- 그렇다면 사탄이 뱀을 통하여 접근하고 유혹하였다는 말이지요?
- 그렇게 해석해야 맞지 않겠나? 성경이 가르쳐 주는 대로?
- 그러면 그렇게 이해하고 유혹 과정과 결과를 주목해 보아야겠군요?
- 그러겠지.
- "하나님이 참으로 너희더러 동산 모든 나무의 열매를 먹지 말라 하더냐?"라는 질문으로 접근했는데요?
- 부정적인 요소를 부풀리는 수법인 것 같지?
- 그게 무슨 말씀이세요?
- 이제 이 유혹자가 사용한 전략은 부정적 측면을 클로즈업 시키고 과장하여 불만을 유도하고 불신을 조장하는 방식이지. 사실 하나님의 말씀은 "동산 각종 나무의 열매는 마음대로" 먹으라 하시고 오직 한 나무, 선악을 알게 하는 나무의 열매만 먹지 말라고 하셨지? 모두 허락하시고 하나만 금하셨다는 말이야. 그것도 그들을 사랑하는 마음으로 금한 것이고. 그런데 유혹자는 모든 나무의 열매를 먹으라고 하신 부분은 접어 두고, 하나 금지한 부분을 확대시켜 느끼도록 하기 위하여 "모든 나무의 열매를 먹지 말라 하더냐?"라고 부정적 사고를 건드리고 있어.
- 아, 그렇군요. **부정적인 측면을 클로즈업 시켜서 불만과 불신을**

조장하는 것이 사탄의 수법이로군요? 그런데 부정적인 데다 초점을 맞추어 하와의 눈을 부정적으로 만들려는 뱀의 전략은 여기서 맞아떨어지고 있는데요? 하와가 부정적인 데에 눈이 머무는 것 같아요. 하나님이 "먹지 말라"고 한 것에 상당히 의혹을 갖기 시작하는 것 같지요?

- 그래, 왜 그렇게 느끼는가?
- 그것이 뱀의 과장된 말에서 나타나요. 다른 모든 나무의 열매는 먹으라고 하였다는 부분 언급은 없고요, 하나님은 단지 "먹지 말라" 하였음에도 불구하고 "만지지도 말라"고 하였다고 과장하고요. 하나님을 향하여 의혹과 불만의 부정적 감정이 일어나게 됨을 보이네요?
- 야, 깜짝이야. 완규가 웬일이니? 그런 관찰을 하다니?
- 그렇게 보이네요?
- 성령께서 도와주시는 것 같다. "먹지 말라" 한 것이 굉장히 커다란 부정적 사건으로 떠오르고 그렇게 느껴져서 그 사실을 훨씬 과장하는 경우가 된 것이겠지?
- 하와는 그 많은 나무의 열매, 모두를 먹으라고 허락하시고 복 주신 하나님께 감사하는 마음으로 생각하고 보았어야 할 것 아닌가요? 한 가지 금하신 것에 초점을 맞추고 더 많은 축복을 잊어버리게 하는 사탄의 전략에 넘어가서는 안 되겠어요. **긍정적으로 보는 눈을 가져야 할 것** 같아요.
- 아니 동주는 또 어떻게 그렇게 해석하나? 이거 내가 놀라서 기절

할 지경이야. 맞아, 하와가 그랬더라면 유혹에 넘어가지 않았을 것인데 원통하지? 사탄은 이 전략을 자주 사용하고 하나님의 사람들이 자주 이 전략에 넘어가는 것을 성경은 아주 많이 기록하고 있다네. 그러면 무엇이 문제인가?

- 하나님께서 먹지 말라고 금지하시고, 먹는 날에는 죽으리라고 경고하신 그 선악과를 먹었다는 것이 문제 아닌가요?
- 동주 말이 맞아. 그러면 하와가 그리고 아담도 함께 먹었는데 이 과정에서 무엇이 진짜 문제인지, 무엇이 죄인지, 무엇이 타락인지를 제대로 이해해야 할 것 같은데 무엇이 보이나?

불신이라는 죄

- 같은 선악과를 두고 하나님은 먹지 말라, 먹으면 죽는다고 말씀하셨는데 뱀 그러니까 마귀는 먹어도 결코 죽지 아니하리라고 유혹하거든요?
- 완규가 중요한 포인트를 잡아낸 것 같네. 바로 그거야. 최초의 인간 아담과 하와는 믿음의 시험을 받고 있는 거야.
- 믿음의 시험이라고요? 그게 왜 그런데요?
- 현대적인 용어로 말한다면 선악과라는 한 가지 열매를 놓고 두 가지 상반된 정보가 제공된 셈인데, 하나는 이 열매를 먹으면 죽는다는 정보이고 하나는 이 열매를 먹어도 결코 죽지 않는다는 정보야. 이런 경우는 하나가 맞는 정보라면 하나는 완전히 거짓된 정

보일 거란 말이야. 이럴 경우에는 누구의 정보를 받아들여야 하며 누구의 정보를 받아들이게 될 것 같은가?
- 저 같으면 내가 신뢰하는 자의 정보를 취할 것 같은데요?
- 그렇지? 그렇다면 여기서 하와나 아담이 선악과를 따서 먹었다는 것은 하나님의 말씀을 믿은 것인가, 안 믿은 것인가?
- 하나님의 말씀을 믿지 않고 마귀의 말을 믿었기에 먹은 것이겠지요?
- 바로 그거야. 하나님의 말씀에 대한 불신, 그것이 인간의 근본적인 죄요 타락의 원인이라네. 성경이 지적하는 죄는 살인죄나 절도죄 등 사회적인 죄보다 먼저 하나님을 불신하는 영적인 죄가 근본적인 죄라고 가르친다네. 사회적인 죄는 이 영적인 죄의 결과들이요, 영적인 죄의 열매들이라고 보는 것이지. 자, 그러면 하나님을 불신할 때 인간에게 임한 중요한 상실이 무엇일까? 불신이 들어올 때 파괴되는 것이 무엇이지?
- 뭘 물어 보시는지 모르겠는데요?
- 그래? 우리가 인간의 본질이 하나님과 인간 서로간의 친교를 존재 방식으로 하는 코이노니아적 존재라고 했었지?
- 그랬지요?
- 하나님을 불신할 때 하나님과의 코이노니아가 건강할까?
- 아, 친교, 코이노니아가 깨지는군요?
- 그렇지, 불신으로 코이노니아가 깨지고 죽었다네. 하나님을 불신하고 하나님과 함께 사는 삶이 어긋나므로 인간의 모든 문제가 발생

하게 된 것이지. 그리고 여기 선악과를 따먹는 행위에는 다른 죄의 요소가 더 있다네.
- 그게 뭔데요?

교만이라는 죄

- **교만**이라는 죄야.
- 어디에 교만이라는 죄가 나와요?
- 5절을 보면 "너희가 그것을 먹는 날에는 너희 눈이 밝아져 하나님과 같이 되어 선악을 알 줄 하나님이 아심이니라"고 마귀가 유혹하거든. 그리고 인간은 이 말에 넘어가고. "하나님과 같이" 되고자 하는 교만의 충동을 받았고 거기에 넘어간 거야. 그래서 이후 인간에게는 자신이 하나님처럼 살아가려고 하는 교만이 들어온 것이지.
- **하나님의 자녀로 하나님 말씀에 순종하여 살아야 할 것인데, 자기가 하나님이 되어 제멋대로** 사는 인생이 된 모양이네요?
- 완규가 정확히 이해했어. 절대자요 창조자이신 하나님께서는 인간의 교만을 가장 큰 죄로 다루신다네.

> **약 4:6** 그러나 더욱 큰 은혜를 주시나니 그러므로 일렀으되 하나님이 교만한 자를 물리치시고 겸손한 자에게 은혜를 주신다 하였느니라

> 벧전 5:5 젊은 자들아 이와 같이 장로들에게 순종하고 다 서로 겸손으로 허리를 동이라 하나님은 교만한 자를 대적하시되 겸손한 자들에게는 은혜를 주시느니라

- 아휴, 하나님은 교만한 자는 물리치신다, 더 나아가 대적하신다고 하네요? 교만하지 말아야겠네요?

불순종의 죄

- 자, 이제 보라고! 하나님의 말씀을 불신하고 하나님처럼 되어 제 맘대로 하게 되니까 결국 불순종이라는 죄를 저지르게 된 것이라네. "여자가 그 열매를 따먹고 자기와 함께 있는 남편에게도 주매 그도 먹은지라"라고 기록되어 있지?
- 그렇네요. **불신으로 시작하고 교만으로 진행하여 불순종으로** 죄인이 되고 마는 것이었네요?
- 그렇지? "선악과를 따먹으면 죽는다고? 쟤(마귀)가 그러는데 결코 죽지 않는다지 않아?" 이런 불신과 "먹지 말라고? 흥? 알게 뭐야, 내가 못 먹을 줄 알고?" 이렇게 교만해져서 결국 선악과를 따먹는 불순종을 낳게 된 것이지.
- 하나님 말씀에 불순종하는 것이 죄로군요?
- 그렇다네.
- 성경적 관점은 사회적인 죄보다 종교적인 죄를 더 중요하게 다루

는 모양이네요? 살인이나 도적질이나 사기치거나 한 것보다 **하나님을 불신하거나 하나님 앞에 교만하거나 하나님 말씀을 불순종한 것이 근본적인 죄**라고 하는 말 아니에요?
- 동주가 이해한 대로야. 그렇다고 사회적인 죄는 죄가 아니라고 하는 것은 아니지. 사회적인 죄도 죄로 다룰 뿐 아니라 더 깊이 있게 죄를 다룬다네.
- 얼마나 깊이 있게 다루는데요?
- 우선 사회적인 죄를 죄로 다루지. 구약성경의 중요한 십계명에도 사회적인 죄를 다뤄. "살인하지 말라"는 계명을 어기면 살인죄가 되고 "간음하지 말라"는 계명을 어기면 간음죄가 되고, "도둑질하지 말라"는 계명을 어기면 절도죄가 되고, "거짓 증거하지 말라"는 계명을 어기면 위증죄 또는 사기죄가 되고 "탐내지 말라"는 계명을 어기면 탐욕 죄가 되지 않겠는가?(출 20:13-17)
- 사회적인 죄도 죄로 다루는군요? 그런데 더 깊은 차원에서 다룬다고 하신 말씀은 어떤 것인데요?

행위의 죄

- 이런 사회적인 죄는 사실 행동으로 드러날 때만 죄로 취급하게 되지 않나?
- 사회적인 법정에서는 죄를 다룰 때 증거가 있는 죄만 다룰 수 있지요?

- 그렇지? 그러니까 사회적으로는 밖으로 드러난 증거가 있는 행위를 죄로 다루지? 그런데 성경은 더 깊이 있게 죄를 다룬다네.
- 얼마나 깊이 다루는데요?

말의 죄

- 구약에서 주어진 십계명을 해석하면서 예수님은 더 깊은 차원에서 죄를 다루는 것을 보여주셨지. 마태복음 5장 21-22절인데 한번 읽어볼까?

> **마 5:21-22** [21]옛 사람에게 말한 바 살인하지 말라 누구든지 살인하면 심판을 받게 되리라 하였다는 것을 너희가 들었으나 [22]나는 너희에게 이르노니 형제에게 노하는 자마다 심판을 받게 되고 형제를 대하여 라가라 하는 자는 공회에 잡혀가게 되고 미련한 놈이라 하는 자는 지옥 불에 들어가게 되리라

- 이게 무슨 말인가요? 형제에게 노하는 자마다 살인한 것과 동일하게 심판을 받는다는 뜻인가요?
- 그렇지.
- 형제를 대하여 라가라 하는 자는 공회에 잡혀가게 된다는 것은 무슨 뜻이지요? '라가'가 어떤 것인가요?
- '라가'(ρακά)라는 헬라어 말이 정확하게 우리말로 번역이 어렵다고

하여 그냥 헬라어로 쓰고 있는데, 지독하게 모욕을 주는 쌍욕이었던 것 같아. 우리말로 가장 가깝게 번역한다면 멍텅구리, 머저리 등 그런 의미로 사람을 경멸하고 모욕과 상처를 주는 욕이었던 셈이지.

- 그렇다면 모욕을 주고 상처를 주는 말을 하는 것도 살인죄와 동일하게 취급한다는 뜻인가요?
- 거의 그런 무게로 예수님은 다루시는 것 같아.
- 미련한 놈이라고 하는 자도 지옥 불에 들어간다는데요?
- 미련한 놈이라고 하는 말도 모욕을 주고 상처를 주는 말이지. 그러니까 한마디로 목에 칼을 꽂아 사람을 죽인 자만 살인죄가 아니라 죽고 싶을 만큼 모욕을 느끼거나 상처를 받게 하는 말도 살인죄라는 것이지.
- 아이고, 말 조심해야겠는데요?
- 성경은 우리가 현실적인 사회에서 다루는 것보다 죄를 훨씬 깊이 다루네요? 우리 사회에서는 얼간이라든지 미련한 놈이라고 말했다고 살인죄로 다루지는 않잖아요?
- 그렇지. 성경에서는 하나님께서 죄를 매우 심각하게 깊이 있게 다루신다는 것을 알고, 우리가 죄인 됨을 깊이 깨우쳐야 할 거야. 하나님은 행위나 말로 지은 죄만 다루시는 것이 아니라 마음이나 생각으로 짓는 죄도 다루셔.

마음과 생각의 죄

- 마음이나 생각의 죄도 다루신다고요?
- 마태복음 5장 27절에서 28절을 보자고.

> **마 5:27-28** [27]또 간음하지 말라 하였다는 것을 너희가 들었으나 [28]나는 너희에게 이르노니 음욕을 품고 여자를 보는 자마다 마음에 이미 간음하였느니라

- 아직 간음의 행위를 하지 않았어도 음욕을 품는 것 자체가 간음이라고 하네요?
- 사회적으로 보면 간음 미수겠지만 하나님 앞에는 간음과 동일한 죄로 취급되는 것이라네. 살인죄도 마찬가지야. 요한일서 3장 15절에 이런 말씀이 있다네.

> **요일 3:15** 그 형제를 미워하는 자마다 살인하는 자니 살인하는 자마다 영생이 그 속에 거하지 아니하는 것을 너희가 아는 바라

- 미워하는 것 자체가 살인죄라고 말하네요?
- 그렇다네. 하나님은 우리의 마음속 깊이 보시고 우리의 생각 저변까지 살피시므로 그분 앞에 숨길 수 있는 죄가 없지.
- 마음이나 생각까지 죄로 다루시고 심판한다는 것은 처음 듣는데

요? 만일 우리 현실적 법정에서 마음이나 생각의 죄를 정죄한다면 증거가 없지 않나요?
- 완규 말이 맞지. 증거가 없어서 세상 법정에서는 마음이나 생각의 죄는 죄로 다루지 않고 또 다루지 못하지. 그러나 하나님은 마음과 생각까지 다 보고 알고 계시기 때문에 마음의 죄, 생각의 죄까지 죄로 다루신다는 것이네.
- 아이고 겁나는데요? 숨길 수가 없지 않아요?
- 그러니 하나님 앞에는 솔직한 고백이 최선이라네. 기왕에 죄 이야기가 나왔는데, 동주는 마음속에 숨겨놓은 죄나 밖으로는 나타나지 않았지만 속에 품은 죄, 회개하지 않은 죄는 없겠지?
- 선생님, 저는 예수 믿기로 작정은 했는데요, 솔직히 죄를 회개해 본 경험은 없거든요. 그런데 죄에 대한 성경 말씀을 이야기하는 중에 양심의 가책을 느껴요. 괴로운데요?
- 어, 동주 왜 그러나? 심각한데?
- 선생님, 저는 죄인 중에 죄인인 것 같아요. 으앙, 괴로워요.
- 이보게 동주, 괴로워만 하지 말고 고백을 해보게. 무슨 죄가 괴롭게 다가오나?
- 사실은요, 저는 아버지를 되게 미워하고 있었거든요. 매일 술 취해 와서 어머니와 다투고 지금 이혼 직전인데요, 제가 보기에는 아버지가 잘못인 것 같아요. 그래서 사춘기 때부터 아버지가 미워졌는데, 갈수록 더 깊은 증오심으로 발전하고 있거든요. 어느 날은 정말 칼로 아버지 목을 찔러 죽이겠다고 마음먹은 날도 있었는

데 실행은 못했어요. 저 어떡해야 돼요? 죽이고 싶은데 죽이지 못하고, 미워하는 게 살인죄라고 하니 제가 살 수가 없네요.
- 이보게 동주, 지금 그 마음을 우리 하나님께 고백함세. 그리하면 하나님이 용서하시고 죄에서 해방시키고 아버지를 더 이상 미워하지 않고 사랑할 수 있는 힘을 주실 것일세.
- 어떻게 고백하는 것인가요?
- 내가 동주 마음을 이해한 대로 한 마디씩 기도할 테니 마음 담아서 하나님 앞에 따라서 기도하면서 고백해 보겠나?
- 네, 그래 주세요.
- 따라 하게. "하나님 아버지." "제가 죄인인 것을 깨닫고 괴롭습니다." "물론 아버지가 미운 짓을 해서 미워했습니다." "그러나 미워하는 것이 바로 살인죄와 같다 하니" "저는 아버지를 상해한 죄인입니다." "이 시간 하나님 앞에 회개합니다." "하나님, 용서하여 주옵소서." "그리고 이제 더 이상 미워하지 않고" "아버지를 사랑할 수 있는 사랑의 능력을 제게 내려 주세요." "예수님의 이름으로 기도합니다." "아멘."
- 선생님, 저도 따라서 함께 기도했습니다.
- 그래, 완규는 왜?
- 저는 아버지나 어머니를 미워해 본 적은 없는데, 예전에 친구였던 사람과 다투고 미워하면서 지금은 교제를 끊고 말도 안 하고 지내는 친구가 있습니다. 이 역시 살인죄와 같은 죄에 빠져 있음을 깨닫고 회개하는 마음으로 따라 했습니다.

- 좋아. 완규도 동주도 이제 회개하였으니 하나님은 용서하셨어. 그러니 더 이상 죄책감은 가질 필요가 없어. 그 대신 동주는 오늘 저녁에라도 아버지 만나 뵙고 사죄하고 화해하고 사랑하도록 해보고, 완규도 그 친구 찾아가 화해하고 사랑하도록 해보게. 하나님께서 사랑의 힘을 주실 것일세.
- 네, 그리하겠습니다.
- 자, 소크라테스 말마따나 자신을 알아야 하는데 자신이 죄인임을 안다는 것이 위대한 일이지. 죄인임을 알면 회개하고 변화가 가능하니까. 자네들 아주 훌륭한 하나님의 자녀들일세.
- 선생님, 참 희한하네요. 회개 기도를 하고 나니까 완전 해방감이 오고, 아버지를 만나 사죄할 수 있을 것 같은데요?
- 성령님께서 도와주시는 것이네. 회개하는 것도 하나님의 은혜고 죄에서 해방되는 것도 하나님의 은혜지. 참 감사하네 그려.
- 아, 오늘은 제 생애 최고의 날인 것 같습니다. 이게 회개의 경험이군요.
- 회개하고 죄사함 받는다는 것이 얼마나 큰 축복인지 이해가 되는 모양이군?
- 네, 조금은 이해가 되는 것 같습니다.
- 자, 우리 성경 공부 조금 더 하세.
- 죄 이야기가 아직 더 남았나요?
- 왜 싫은가?
- 아니요. 죄에서 해방된 기분이라 죄 이야기를 더 해도 문제 없습

니다만 그만해도 될 것 같아서요.
- 그래, 좋은 일이군. 처음에 우리는 성경은 영적인 죄를 중하게 다루고 사회적인 죄는 중하지 않은 것인가 하는 의문을 누가 말한 적이 있는데, 그 부분을 정리하고 다음 주제로 가자고. 사회적인 죄는 영적인 죄의 열매들이고, 근본은 하나님을 불신하고 마귀를 믿어 마귀의 영향력 아래 놓이게 되었다는 것이 죄의 근본이 된 것이지. 그래서 인간은 이후로 죄의 세력에 포로가 되어 죄의 생산자가 된 것이야. 로마서 1장 28절부터 31절을 한번 읽어볼까?

> **롬 1:28-31** [28]또한 그들이 마음에 하나님 두기를 싫어하매 하나님께서 그들을 그 상실한 마음대로 내버려두사 합당하지 못한 일을 하게 하셨으니 [29]곧 모든 불의, 추악, 탐욕, 악의가 가득한 자요 시기, 살인, 분쟁, 사기, 악독이 가득한 자요 수군수군하는 자요 [30]비방하는 자요 하나님께서 미워하시는 자요 능욕하는 자요 교만한 자요 자랑하는 자요 악을 도모하는 자요 부모를 거역하는 자요 [31]우매한 자요 배약하는 자요 무정한 자요 무자비한 자라

- 마음에 하나님 두기를 싫어하므로 하나님께서 상실한 마음대로 내버려두니 모든 불의하고 악한 죄들을 생산하게 되었다고 하는 말씀인가 본데요?
- 그렇다네. 근본적인 문제는 인간이 하나님을 불신하고 교만하여져서 하나님을 버리고 하나님 말씀에 불순종하게 되니 하나님이

외면하자 마귀의 영향을 받는 채로 온갖 죄를 지으며 살게 된다는 것이네.

- 선생님, 그런데 하나님이 왜 그냥 내버려두시지요? 야단을 치면서라도 되돌려 놓으면 안 되나요?
- 말해도 믿지도 않고 콧방귀 뀌고 불순종하는데 내버려둘 수밖에 없지 않겠나?
- 그렇긴 한데요, 그래도 매를 들고 때려서라도 바로잡는 게 부모 아닌가요?
- 그 말도 맞는 말이지. 그래서 하나님도 아담과 하와에게 매를 들었다네.
- 어떤 매를 들었는데요?
- 창세기 이야기로 돌아가서 한번 살펴봄세. 창세기 3장 17절부터 19절을 읽어봄세.

형벌 아래 있는 죄인

창 3:17-19 [17]아담에게 이르시되 네가 네 아내의 말을 듣고 내가 네게 먹지 말라 한 나무의 열매를 먹었은즉 땅은 너로 말미암아 저주를 받고 너는 네 평생에 수고하여야 그 소산을 먹으리라 [18]땅이 네게 가시덤불과 엉겅퀴를 낼 것이라 네가 먹을 것은 밭의 채소인즉 [19]네가 흙으로 돌아갈 때까지 얼굴에 땀을 흘려야 먹을 것을 먹으리니 네가 그것에서 취함을 입었음이라 너는 흙이니 흙으로 돌아갈 것이니라 하시니라

- 하나님의 말씀을 불순종한 아담에게 하나님이 형벌을 선포하시는 말씀인 것 같은데요?
- 그렇다네. 무슨 형벌을 선포하시는지 살펴보게.
- 땅이 저주를 받는다는데요? 죄는 사람이 저질렀는데 왜 땅이 저주를 받지요?
- 참, 완규는 질문을 해도 그렇게 곤란한 질문만 하냐? 땅의 모든 것이 하나님의 피조물이지만 이 땅의 대표적인 존재가 인간이고, 땅의 모든 일을 인간에게 맡긴 터이기 때문에, 대표인 인간이 죄를 범하므로 땅 전체가 저주 아래 놓일 수도 있지. 그렇지만 자연환경이 갑자기 어떤 변화를 일으켰는지는 알 수 없고, 이 땅에서의 삶이 저주스럽게 되었다는 의미가 더 클 거야.
- 아, 이 땅에서의 삶 전체가 저주 아래 놓이게 되었다는 의미라고요? 하나님의 축복을 상실하고 저주 아래 놓이게 되었다는 뜻인가 보네요?
- 완규는 곤란한 질문으로 파고 들기도 잘하고 깨닫는 것도 굉장히 빠르게 깨닫는 것 같아. 괴물 천재인가 봐?
- 아이, 천재는 무슨 천재예요? 그래서 수고하여야 살아가는 인생이 되었다는데요? 수고하여야 하고 땀을 흘려야 먹을 것을 먹으리라고 하는 것을 보니 이때부터 의식주를 걱정하고 고생하면서 살게 된 것 같은데요?
- 맞아, 타락하기 이전 에덴 동산에서는 먹는 것을 걱정하지 않아도 되는 풍요로운 삶이었는데, 이제는 고생길이 열린 것이고 의식주

를 걱정하며 먹고 살기 위하여 수고하는 인생이 된 것이라네. 자연환경에도 좀 변화가 있었던 것 같기도 해. 보기 좋고 먹기 좋은 나무와 채소가 풍성하던 에덴은 상실되고, 땅이 가시덤불과 엉겅퀴를 많이 내게 되어 이들과 싸우면서 농사를 지어 먹느라고 수고하게 되었다는 것이지.

- 중요한 포인트는 **타락하고 죄인이 됨으로 수고로운 인생**이 되었다는 것이군요?
- 그렇다네. 수고로운 인생의 매를 내린 것이네. 사람이 고생하면서 자신을 돌아보고 깨닫고 하나님께 돌아오라는 섭리로 수고로운 인생의 매를 내린 것이야.
- 수고하고 고생하며 고달픈 인생이 된 것은 타락하여 하나님 아버지의 집을 떠난 경우이기 때문이고, 수고하고 고생하며 고달픈 인생 속에서 사람은 깨닫고 하나님 아버지께로 돌아오게 하려고 저주와 고생을 주셨다는 말이라고요?
- 그렇다면 예수 믿고 하나님께 돌아온 인생이 되면 다시 풍요로움을 누리고 고달픈 인생은 졸업하게 되나요?
- 물론이지.
- 와, 나 이젠 취직 걱정 내려놓고 살아도 되겠구나.
- 그렇지. 걱정 내려놓고 걱정 대신 하나님 아버지께 기도드리는 인생이 되게나. 자, 아까 읽은 창세기 말씀을 보면 더 큰 매를 하나 더 들었는데, 무슨 매를 때린 것인지 다시 창세기로 가서 살펴보게.

- 흙으로 돌아가라고 선포하시는데요, **죽음**을 선포하신 것인가요?
- 그렇지 않겠는가? 선악과를 먹는 날에는 정녕 죽으리라 하신 말씀대로 인간에게 죽음이 선포되었지. 에덴에서는 생명나무의 열매를 먹으면서 영생할 수 있는 존재로 창조하셨으나 죄인으로 영생하는 것은 좋지 않으므로 일단 죽음의 운명을 내리신 것이라네. 창세기를 보면 생명나무가 있는 에덴에서 아담과 하와를 쫓아내시고 생명나무에 접근하지 못하게 하였다고 기록한다네(창 3:22-23). 그런데 이 죽음이 하나님 아버지가 자녀인 인간에게 내린 사랑의 매라네.
- 아니 자식을 죽여 버리는 게 무슨 사랑의 매가 되나요? 사랑의 매라면 어디까지나 살려두고 매를 때려 고쳐야지, 아예 죽어 버리게 하는 것이 어떻게 사랑의 매가 되나요?
- 정말, 완규는 그렇게 예리하게 곤란한 질문만 잘하냐?
- 죽여 버리는 게 어떻게 사랑이 돼요?
- 완규의 의문에 일리가 있긴 하지. 그러나 이게 왜 사랑의 매인지 한번 생각해 보라고. 일단 죽음의 선포이지. 아담과 하와를 바로 죽어 버리게 때린 게 아니지 않나?
- 아, 그렇군요? 죽여 버린 게 아니라 죽음의 선포로 반성의 기회를 주는 것인 모양이네요?
- 완규 형은 질문도 송곳처럼 하지만 진짜 깨닫기도 빨리 하는 것 같아요. 진짜 괴물 천재 맞네.
- 그러게 말이야. 동주 이야기가 맞는 것 같아. 죽음의 선포가 사랑

의 매라는 점은 두 가지로 깨달아지거든.
- 어떻게 두 가지인데요?
- 첫째는, 저주 아래 고달픈 인생을 영원히 살게 한다는 것이 얼마나 가슴 아픈 일이겠나? 일단 고달픈 인생은 한정적으로 줄여 버리고 새로운 영생의 길, 죄를 해결한 영생의 길을 준비하는 섭리라는 점일세. 생각해 봐, **고달픈 인생을 영원히 허덕인다고 생각해 보라고. 얼마나 끔찍한 일인가? 고달픈 인생에 한정을 두었다는 것이 사랑**이 아닌가?
- 그건 그렇네요?
- 둘째로는, 사람이 죽음을 경험하게 하신 것은 하나님 말씀의 엄중함을 깨닫게 하고 죽어가는 과정에서 **하나님께 돌아오는 각성의 기회**가 되게 하신 것일세. 사람이 죽음 앞에 서게 될 때 대체로 자신을 반성하는 계기가 된다는 말일세. 내가 전도를 좀 해보았는데 전도가 제일 잘되는 곳은 병원이었다네. 특히 곧 죽게 될지도 모르는 중환자실에 가서 전도하게 되면 환자뿐 아니라 보호자인 온 가족들까지 진지해지고 복음을 잘 듣는 경우가 많더라고.
- 죽음 앞에서 자신을 돌아보게 되고 자신의 근본을 묻는 질문을 하게 될 테니까 그렇겠군요?
- 그렇지. 세상에 무엇이 본질인지 무엇이 의미인지 무엇이 가치인지도 모른 채 정신 없이 살다가 죽음을 의식하게 되면, 그때야말로 내가 누구이며 어디서 와서 어디로 가는지 본질적인 질문에 직면하여 겸손해지고 각성하는 계기가 되는 거지.

- 선생님, 완규나 저 같은 경우, 오늘 선생님과 말씀을 나누면서 죽음에 직면하기 이전에 인생의 본질적인 질문 앞에 서 보고 깨닫는 계기가 되고, 우리 인생의 본질적 근원이신 하나님 아버지를 만나는 삶으로 인도되었다는 게 너무 감사한 행복이네요?
- 그렇지, 얼마나 감사한 일인가?
- 그러나 아직 죄 아래 있고 저주와 죽음의 형벌 아래 있는 이야기까지만으로는 완전한 확신을 할 수 없는 것 같은데요?
- 이제 진짜 하나님의 사랑의 선물을 살펴보기로 하지.
- 사랑의 매가 아닌 사랑의 선물이라고요?
- 응, 가장 긍정적이고 신나는 하나님의 사랑의 선물 이야기로 들어가 보자고.
- 기대되는 이야기가 될 것 같은데요? 어서 말씀해 주시지요.
- 그러기 전에 죄가 무엇이고 죄인이 된 인간의 운명이 어떤 것인지 정리부터 해보게.
- **첫째**, 인간은 하나님을 불신하고 교만하여져서 하나님께 불순종함으로 죄인이 되었다.

  둘째, 이 영적 죄의 결과로 하나님을 떠나고 마귀의 영향을 받아 사회적인 죄의 생산자가 되었다.

  셋째, 성경에서 죄는 행위로 지은 죄뿐 아니라 말로 지은 죄, 더 나아가 마음과 생각으로 지은 죄도 죄로 다룬다.

  넷째, 죄인에게 사랑의 매로서의 형벌이 내려졌는데, 수고롭고 고달픈 인생의 형벌과 죽음이라는 운명의 형벌이다. 그렇게 정리할 수 있겠는데요?

- 완규가 완벽하게 정리하네 그려.
- 이제 사랑의 선물 이야기 하고 받을 차례지요?

3. 은혜로 주시는 구원

- 자네들, 모든 성경 말씀 중에 가장 중요한 구절, 성경 전체의 요절이라 부르는 구절이 어느 말씀인지 아나?
- 선생님, 우리는 진짜 초보입니다. 아무것도 모른다니까요.
- 좋아. 성경 전체 중에서 가장 중요하고 핵심적인 구절이라고 하여 대부분의 그리스도인들이 암송하는 구절인데, 요한복음 3장 16절이지. 내가 외워본다면 이렇다네.

> 요 3:16 하나님이 세상을 이처럼 사랑하사 독생자를 주셨으니 이는 그를 믿는 자마다 멸망하지 않고 영생을 얻게 하려 하심이라

- 일단 하나님이 세상을 사랑한다는 말씀이군요?
- 여기서 말하는 세상은 인간 세상을 의미하는 것이고 결국 하나님

이 인류를 사랑하신다는 뜻이지. 그 사랑의 실행으로 독생자를 우리에게 주셨다는 말인데, 여기서 독생자는 예수님을 의미한다네. 예수님을 우리를 위하여 내어 주셨다는 말인데 이게 무슨 말인지 잠시 후에 자세히 살펴보기로 하고, 그렇게 하신 목적이 우리로 하여금 예수님을 믿고 영생을 얻게 하려고 하신다는 말씀이지.

- 죄로 말미암아 잃어버린 영생을 회복하게 하시는 모양이네요?
- 그렇지. 죄로 상실한 원래의 본질적 인간을 회복하시고 영생을 얻게 하려고 하신다는 것이야.
- 하나님께서 우리를 사랑하셔서 죄로 잃어버린 원 창조의 본래적 인간을 회복하려 한다는 말씀은 이해가 되는 것 같은데요, 예수님을 우리에게 주셨다는 것은 왜 그런 것이고, 무슨 의미인가요?

인간이 되신 하나님

- 하나님께서 거리를 두고 재판관이나 심판자로 우리를 죄인으로 심판하시는 것이 아니라, 하나님 자신이 죄인의 입장이 되고 죄인과 동일시하는 입장으로 인간의 몸을 입고 인간이 되어 인간 세상에 오셨다는 것을 의미한다네.
- 아이고 어려워요, 무슨 말씀을 하시는 것인지 모르겠는데요?
- 이해하기가 어렵다고? 동주 자네 요즘 핫이슈가 되고 있는 미스트롯2 방송 보았나?
- 네, 보았습니다만.

- 마스터 오디션을 통과한 사람 중에 가장 어리고 키도 작은 이가 누군지 기억나나?
- 황승아 말씀하시는 것인가요? 아홉 살짜리 꼬마 말이에요?
- 응, 맞아, 승아가 본선 팀 미션에서 선발되지 못하고 떨어지자 울고불고 난리 났었지?
- 네, 그걸 저도 보았습니다.
- 그때 승아를 달래며 격려하느라고 사회자인 김성주 씨가 허리를 굽히고 무릎을 땅에 대고 승아를 달래는 모습이 인상적이더라고. 그게 무엇인가?
- 최대한 어린 승아의 눈높이에 맞추어 소통하려는 노력이었겠지요?
- 그래, 바로 그런 원리야. 하나님께서 죄인인 인간의 눈높이에서 인간의 죄의 문제를 해결해 주려고 인간의 몸을 입고 인간이 되어 내려오신 것이라네.
- 죄인의 눈높이로 내려오신 하나님이라고요? 그리 설명하시니 좀 이해가 될 듯한데요? 대단한 배려네요.
- 그렇지? 요절에 하나님께서 세상을 사랑하셔서 독생자, 즉 예수님을 보낸다고 하였고 그를 믿는 자마다 영생을 얻게 하려 하신다고 한 말씀을 외워보았지?
- 네, 조금 전에 선생님이 외우셨고 우리도 따라 해보았지요?
- 그래서 우리가 **예수를 믿는다고** 말하는 것인데, 그러면 예수님이 누구고 왜 예수를 믿어야 영생을 얻는 것인지를 이야기해야 하겠

군. 우선 예수님은 사람이 되어 오신 하나님이라네. 하나님이 인간의 입장이 되려고 인간이 되어 세상에 오셨다는 거야. 예수님의 탄생 이야기부터 살펴보기로 하지. 마태복음 1장 18절부터 21절인데 한번 봄세.

> **마 1:18-21** [18]예수 그리스도의 나심은 이러하니라 그의 어머니 마리아가 요셉과 약혼하고 동거하기 전에 **성령으로 잉태된** 것이 나타났더니 [19]그의 남편 요셉은 의로운 사람이라 그를 드러내지 아니하고 가만히 끊고자 하여 [20]이 일을 생각할 때에 주의 사자가 현몽하여 이르되 다윗의 자손 요셉아 네 아내 마리아 데려오기를 무서워하지 말라 그에게 **잉태된 자는 성령으로 된 것이라** [21]아들을 낳으리니 이름을 **예수라 하라** 이는 그가 자기 백성을 그들의 **죄에서 구원할 자이심이라** 하니라

- 이게 무슨 말씀인가요? 마리아와 요셉이 약혼을 했는데 동거하기 전에, 그러니까 결혼하기 전에 아기를 잉태했다는 것인가요?
- 그렇다네.
- 그러면 큰 문제 아니에요? 약혼자와 동거하기도 전에 애기가 생겼으니 이거야말로 큰 문제네요?
- 그래서 약혼자인 요셉도 조용히 파혼하려고 했다고 하지 않나?
- 나 같아도 파혼하려고 할 것 같은데요?
- 그렇지? 요셉도 그리 생각하고 파혼하려고 했다는 것인데, 가만히 조용하게 파혼하려고 생각하고 있는데 하나님의 천사가 꿈에 나

타나서 마리아가 부정한 여인이라 부정하게 잉태된 것이 아니고, 하나님의 성령으로 잉태된 것이니 파혼하지 말고 결혼하라고 가르쳐주지. 그리고 아들을 낳을 것이라고 말하고 그 이름까지 지어주었다네.

- 예수라고 작명하라고 하였는데요? 죄에서 구원할 자라고 말하네요?
- 그래, '예수'라는 이름의 의미가 "여호와는 구원이시다"라는 뜻을 가진 이름이라네.
- 그런데 성령으로 잉태되었다는 게 무슨 의미인가요?
- 우선 일반적인 상식으로는 요셉과 마리아가 결혼하고 만나야 누군가가 그의 아들로 태어날 수 있는 것 아닌가?
- 그렇지요?
- 그런데 마리아가 요셉은 물론 어떤 사람도 만나기 전에 잉태되었다는 것이므로 예수님은 인간의 아들이 아니라는 말이지. 성령으로 말미암아 잉태되어서 하나님의 아들이란 말이네.
- 그런데 그게 가능한 것이에요?
- 아니 지금까지는 이야기하면 척척 이해하더니 완규가 이 지점에서는 이해가 안 간다고 자꾸 그러네. 하나님이 인간이 되어 온다는 이야기 자체가 인간의 상식으로는 이해하기 어려운 차원이기는 하지. 하여튼 하나님이 인간의 몸을 입고 인간 세상에 오셨다는 거야. 그러면 왜 하나님이 인간의 몸을 입고 오셔야 했는지 깨달아 보자고. 하나님이 인간의 몸을 입고 인간 세상에 오신 목적이 무

엇인가 하면 인간을 죄에서 구원하려는 목적이라네.
- 그건 또 무슨 말씀이지요?

세상 죄를 지고 가는 어린양

- 우선 성경의 증언을 살펴보지. 요한복음 1장 29절을 한번 보자고.

> **요 1:29** 이튿날 요한이 예수께서 자기에게 나아오심을 보고 이르되 보라 세상 죄를 지고 가는 하나님의 어린양이로다

- 예수님이 세상 죄를 지고 가는 하나님의 어린양이라고요?
- 그렇다네. 하나님께서 사람의 눈높이로 죄인인 입장으로 내려오신 분이 예수님인데, 예수님은 죄인의 입장으로 오시기는 하여도 죄인은 아니지. 죄인의 혈통을 따라 오신 분이 아니고 성령으로 잉태된 분이 아니던가?
- 네, 그래서요?
- 죄 없는 하나님의 독생자인 예수님이 우리 인류의 죄를 지고 가는 어린양이 되었다네.
- 어린양이 되다니요? 그것은 또 무슨 말씀이래요?
- 구약 성경을 보면 사람이 죄를 짓고 나서 죄를 깨닫게 되면 회개하고 회개의 표시로 속죄제물을 하나님께 바치라고 하였는데, 그 속죄제물을 주로 어린양으로 바치게 하였지.

- 회개하는 표시로 어린양을 바친다고요?
- 그래, 그런데 어린양을 그냥 바치는 것이 아니라 어린양을 잡아서 피를 뿌리고 불로 태우며 속죄의 제사를 드리는 것이었어. 그리고 그 의미는 내가 마땅히 죽을 죄인인데 어린양이 내 죄를 지고 대신 죽는다는 의미로 그렇게 하라고 하였던 거야. 그래서 그걸 속죄제라고 불렀지.
- 갈수록 복잡해지는 느낌이 들어요, 선생님.
- 아이고 초신자에게 성경 전체의 진리를 설명하려니 나도 힘들다. 하여튼 하나님께서는 구약시대에는 "네가 죽게 될 일을 대신하여 어린양이 죽는 것이다" 그런 각성을 가지고 어린양으로 속죄제를 드리면 죄를 용서하기로 약속하셨던 거지.
- 어린양이 내 죄를 대신 짊어지고 죽는다고요?
- 그래. 바로 그와 같이 죄 없는 인간으로 오신 예수님이 우리의 죄를 대신 짊어지는 어린양의 역할을 하셨다는 거야.
- **하나님께서는 예수님으로 하여금 어린양처럼 우리 인류의 죄를 대신 짊어지고 죽으라고 예수님을 이 세상에 보내셨다**는 말씀인가요?
- 그렇다네.
- 우와 이거 엄청난 사건이군요.
- 엄청난 하나님의 사랑의 결단이지. 그런데 예수님이 어떻게 돌아가셨는지, 어떤 죽음을 맞으셨는지 아나?
- 십자가에 못 박혀 죽었다고 들었는데요?

- 동주가 그 이야기는 어떻게 들었나 보네?
- 네, 교회당마다 십자가가 세워져 있어서 왜 십자가인가 의문스러웠지요. 그래서 한번은 교회 다니는 친구에게 왜 교회당마다 십자가를 세우는 것인지 물어본 적이 있는데, 교회가 믿는 예수님이 십자가에서 죽었기 때문이고, 그 십자가가 여러 가지 진리를 상징한다고 하더라고요?
- 그렇구나. 이제 십자가의 의미를 한번 알아보자고. 일단 예수님께서는 동주가 알고 있는 대로 십자가에 못 박혀 죽으신 게 사실이지.

> 막 15:25 때가 제삼시가 되어 십자가에 못 박으니라

그런데 이 십자가에 죽었다는 것이 무슨 의미인지 성경에서 찾아보기로 하자고.

죄를 담당한 대속의 십자가

> 벧전 2:24 친히 나무에 달려 그 몸으로 우리 죄를 담당하셨으니 이는 우리로 죄에 대하여 죽고 의에 대하여 살게 하려 하심이라 그가 채찍에 맞음으로 너희는 나음을 얻었나니

- 무엇보다도 십자가는 예수님께서 속죄제의 어린양이 되어 우리의

죄를 담당하여 짊어지고 우리가 받을 심판을 대신 받으셨다는 의미이지.

- **우리가 받을 죄의 형벌과 심판을 예수님이 대신 짊어지고, 대신 심판받고, 대신 죽으셨다**는 말이지요?
- 그렇다네. 그래서 우리가 죄 사함을 받을 수 있는 근거를 만들었다네. 심판받아야 마땅한 우리는 도리어 죄 사함을 받고 구원받는 은혜의 길을 여신 사건이라네.
- 그런데 선생님, 하나님께서 하시는데 그냥 용서하면 되지 굳이 예수님을 십자가에 못 박아야 하나요?
- 좋은 질문이야. 처음에는 나도 그런 생각을 했었어. 이 이야기가 조금 도움이 될지 모르겠는데, 어느 판사가 절도죄를 저지른 청소년을 재판하게 되었다네. 그런데 가장이 되어 동생들을 돌보며 살아가는 그가 순간 너무 배가 고파 남의 가게에 들어가 훔친 일이 또한 불쌍하더라는 것이야. 그러나 그를 무죄라고 할 수는 없었대. 그래서 그 판사는 법대로 법정 형량대로 벌금형 2,000불을 판결했다네. 그리고 나서 2,000불 수표를 끊어 그 소년에게 주었다는 이야기가 있어.
- 아, 법은 법이요 죄는 죄이기에 죄대로 재판을 하고 그를 불쌍히 여기는 마음으로 자신을 희생하였다는 이야기인 모양이네요?
- 그렇지. 하나님은 거룩한 분이고 의로운 분이어서 죄를 죄가 아니라고 한다든지 죄가 없다고 하지 않으며, 죄는 반드시 심판을 하실 수밖에 없다는 것이지. 그러나 다른 한편으로 하나님의 사랑

은 죄인임에도 불구하고 용서하고 사랑하는 그 큰 사랑으로 인하여, 사실은 독생자 예수님으로 하여금 그 죄를 다 담당하여 대신 심판을 받게 하고 우리를 용서하는 길을 택하신 것이라네. 자녀를 때리는 대신 자기 종아리를 때려 자녀를 훈계했다는 아버지의 심정처럼 우리를 사랑하여 그러한 대속의 근거를 마련했다는 것이니 하나님의 사랑이 얼마나 감사한가? 그래서 그 결과로 우리에게 '의'를 선물한 것이라네.
- 의를 선물했다는 말은 또 무슨 말씀이래요?
- 로마서 3장 25절부터 26절을 한번 읽어 보고 깨달아 보기로 하지.

롬 3:25-26 [25]이 예수를 하나님이 그의 피로써 믿음으로 말미암는 **화목제물로** 세우셨으니 이는 하나님께서 길이 참으시는 중에 전에 지은 죄를 간과하심으로 **자기의 의로우심을 나타내려** 하심이니 [26]곧 이 때에 자기의 의로우심을 나타내사 자기도 의로우시며 또한 예수 믿는 자를 **의롭다 하려** 하심이라

이 말씀을 보면 예수님께서 십자가에서 흘리신 피를 근거로 하여 우리를 대속하신 것은 하나님이 의롭다는 것을 나타냄과 동시에 예수 믿는 자를 의롭다고 하려는 것이라고 말하고 있지 않나?
- **예수님을 십자가에 심판하시는 것은 하나님이 의롭다는 것, 그러니까 죄는 죄대로 다루신다는 것을 나타냄과 동시에 이 하나님의 사랑을 믿는 사람들에게는 죄인이지만 의롭다고 여기기로**

하셨다는 것이지요?
- 그렇지. 그러니 죄인인 우리에게 '의'를 선물해 주심으로 죄가 상쇄되고 용서되는 은혜를 주셨다네.
- 의가 선물이라면 우리는 그냥 받기만 하면 되네요?
- 그렇다네. 나도 자네들도 예수를 믿음으로 이 의의 선물을 받았고, 다시 하나님의 사랑의 품으로 들어온 것이라네.
- 예수님을 믿어야만 구원받는다고 말하는 게 예수님이 내 죄를 지고 가신 것을 믿고 예수님을 통해 주시는 의의 선물을 받아야 하기 때문에 그런 모양이네요?
- 그렇다네. 그래서 성경은 이렇게 말하지.

> 엡 2:8 너희는 그 은혜에 의하여 믿음으로 말미암아 구원을 받았으니 이것은 너희에게서 난 것이 아니요 하나님의 선물이라

- 그러므로 **구원은 은혜와 선물로 주시고 우리는 믿음으로 받는 것**이군요?
- 그렇지. 동주가 정확하게 이해한 것이야.
- 그리되면 원래 하나님이 창조하신 원래적 자아, 본질적 자아가 회복되는 것인가요?
- 그렇다네. 잃어버린 나를 되찾게 되는 셈이지. 자, 그러면 성경 말씀 속에서 어떻게 본래적 나를 찾게 되는 것인지 확인해 볼까? 원래 인간의 본질이 무엇이라고 하였었나?

- 하나님의 형상으로 창조되었으며, 이는 하나님의 자녀의 신분이며 영적 존재로서 하나님과 함께 사랑의 친교, 코이노니아를 누리며 살도록 창조되었다고 하였습니다.

4. 회복된 인생

- 그랬지. 그래서 회개하고 예수님을 믿음으로 죄사함과 구원을 받게 되면 무엇보다도 하나님의 자녀 된 신분이 회복되는 것이지. 완규가 요한복음 1장 12절을 한번 읽어주게.

하나님의 자녀

> **요 1:12** 영접하는 자 곧 그 이름을 믿는 자들에게는 하나님의 자녀가 되는 권세를 주셨으니

- 예수님을 영접하고 예수 이름을 믿는 자들에게는 하나님의 자녀 된 권세가 회복되는 것이라네. 완규도 동주도 예수님을 믿음으로 하나님의 자녀 된 특권을 얻게 되었다네. 하나님의 자녀 된 확신

속에 당당히 어깨 펴고 살아가게나.
- 저는 흙수저로 태어났다는 열등감과 좌절감을 많이 느끼고 있었는데 정말 어깨를 펴고 용기를 내야 하겠는데요?
- 마침 그 이야기 잘 나왔다. 요즘 청년들이 수저론으로 인하여 위축된 사람이 많다며?
- 네, 선생님, 좌절하는 친구들 너무 많아요. 요즘 청년들 취직이 되나요? 집값은 하늘 높은 줄 모르고 뛰어 오르는데 부모 잘 만난 금수저, 은수저들이야 걱정 없지만 대다수의 흙수저 출신들은 좌절하고 있어요.
- 그럴 만도 해. 마음이 찡해지네 그려. 하지만 완규도 동주도 **비록 현실적으로는 흙수저라고 하더라도 좌절 속에 갇혀 있으면 안 되네. 자네들은 하나님의 아들들이야.** 하나님은 전능자요, 죽은 자도 살릴 수 있고 없는 데서도 있게 하시는 무에서 유를 창조하시는 분이야. 그런 하나님을 아버지로 모셨으니 절대 좌절할 이유가 없다네. 내 하나 간증해야겠네.
- 간증이란 무슨 말이지요?
- 아이, 정말 초신자하고 소통하려니 보통 일이 아니군. 간증이란 예수 믿고 하나님의 은혜나 축복을 경험한 것을 이야기하여 증거하는 것을 간증이라고 한다네.
- 그렇다면 선생님이 간증을 해주시겠다면 선생님이 믿고 경험한 것을 이야기해 주시겠다는 것인가요?
- 그렇지.

– 재미있겠는데요? 어서 들려 주세요.
– 나는 서울에 살다가 다섯 살 때 6.25전쟁으로 인하여 부모님을 따라 시골로 피난을 하게 되었다네.
– 아 6.25 이야기 하시려고요?
– 이야기가 길어질 것 같지?
– 줄여가며 이야기해 줘 보세요.
– 그래서 나의 가정 형편은 매우 가난하고 궁핍하였다네. 그래서 초등학교 졸업하고 중학교는 가지 못했고, 게다가 잘 못 먹어서 병든 몸이 되었는데 위장병, 폐결핵, 심장병 등으로 점점 더 악화되어 가는 중이었다네.
– 가난과 무학과 질병, 삼중고로 절망적인 환경이었던 것 같네요?
– 그랬지. 게다가 아버지께서는 너무 고단한 인생에 자포자기한 것인지 날마다 술에 취해서 살았고, 어머니와 날마다 다투고 분이 안 풀리면 자식들을 때렸어. 그래서 부모의 사랑을 느끼지 못하고 자주 맞다 보니 자존감이라고는 바닥이었지. 오늘날 수저론으로 말한다면 나는 흙수저이겠나 금수저이겠나?
– 그 정도라면 흙수저도 못 되는데요?
– 그렇지? 그래서 내가 얼마나 자존감이 없었는지를 보여주는 이야기가 있지.
– 어떤 이야기인데요?
– 피난 가 살던 시골 동네에서 대학생인 선배가 한 명 있었는데 중학교를 가지 못한 내 또래 친구들을 다 불러 모으더라고. 그리고

는 앞으로는 농사를 지어도 연구하며 지어야 한다면서 중학교 못 갔다고 포기하고 세월 낭비하지 말고 서로 격려하며 책을 읽고 토론하면서 공부를 계속해야 한다는 거야. 그러니 서로 격려하는 소년단을 만들자고 지도하더라고.
- 훌륭한 선배가 계셨네요?
- 그렇지? 그래 즉석에서 회장을 뽑게 되었는데, 그때 모인 중에 내가 나이가 제일 많았던지 친구들이 나를 회장으로 추천하고 밀어서 내가 회장에 뽑혔어.
- 몇 명이나 모였는데요?
- 정확히는 기억이 안 나는데 10명 안팎 모였던 것 같은데?
- 어려서부터 리더십이 있었던 모양이에요? 친구들 사이에 리더로 선정되었으니 말입니다.
- 전혀 다른 이야기야. 모인 친구들 중에 나이가 제일 많았던 거야. 그런데 그 대학생 선배가 날 보고 회장 인사를 하고 회의를 진행하라더군. 나는 정말 자존감이 낮고 여러 사람 앞에 설 용기도 없는 사람인데. 그때 정말 머릿속이 하얘지더군. 그래서 "아이고 배야" 하고 갑자기 배탈 난 시늉을 하면서 화장실 다녀온다고 빠져나와 집으로 도망치고 말았다네.
- 네? 그럼 그 모임은 어찌 되고요?
- 다른 사람을 회장으로 세우고 진행한 모양이더라고. 나는 그 후 더 외톨이가 되고 더 그늘 속으로 숨어드는 소년이 되었지. 그런데 말이야, 믿기지 않는 사건이 있게 되었어.

- 뭔가요?
- 그 후 2년이 지나서 내가 예수 믿게 되었단 말일세. 예수 믿고 하나님이 아버지라는 믿음이 생기니 내가 완전히 딴 사람이 된 거야. 자존감이 상승하고 희망과 용기가 생기고 말이야.
- 자존감이 상승하는 것을 느끼겠던가요?
- 느끼다마다. 그 전능하신 창조주 하나님의 아들이 되었다는 확신이 들면서 절망 같은 것은 내게서 사라지고 희망과 용기가 솟고 긍정적인 에너지가 나를 붙들어 주었지. 그러던 어느 날 나보다 여섯 살 아래인 동생이 초등학교를 졸업하는데, 부모님들이 안 가니 나라도 가서 축하해 주고 와야겠다 싶어서 동생과 함께 학교에 갔지. 동생은 졸업생들 리허설 하는 교실로 가고 나 먼저 졸업식장으로 들어갔는데 아직 아무도 없었어. 그런데 앞자리 약 50개는 졸업생석이라고 써 붙여서 여기는 졸업생들이 앉는 자리구나 생각했지. 그런데 앞부분 옆줄로 열 개 정도 의자가 놓여 있는데 거기에 한자로 내빈석(來賓席)이라고 적혀 있는 것이야. 내빈석이 무엇인가? 내가 그래도 천자문은 배웠기에 해석해 보니 올 래(내), 손님 빈, 자리 석, 이렇게 해석하고 나서 나는 온 손님인가 간 손님인가 중얼거리다가 '나도 여기 온 손님이지, 여기 앉아 보자' 생각하고 거기 가운데쯤 앉았지.
- 뭔가 일이 터질 것 같군요. 내빈석이란 게 저도 잘은 모르지만 일반 학부형 말고 특별히 모신 손님 앉는 자리 아닌가요?
- 글쎄 말이야. 조금 있으니 손님들이 와서 졸업생석 뒷자리에 많

이 앉는데 내빈석에는 좀 양복으로 잘 차려 입은 사람들이 와서 앉더라고. 나는 그때 속으로 여기가 내가 앉을 자리가 아닌가 보다 생각은 드는데 끝까지 앉아있어 보자 하고 앉아 있었지. 그런데 아무도 날보고 다른 자리로 가라고 안 하고 졸업식이 진행되었다네.

- 그때 선생님은 어떤 복장을 하고 있었는데요?
- 나는 선배에게 얻어 입은 고등학생 복장을 하고 있었지. 그런데 믿을 수 없는 일은 교감 선생님인가 하는 분이 강단에서 내려오더니 제일 첫 좌석에 앉은 분에게 "면장님 축사해 주셔야 하지요? 단으로 올라가시지요" 그리 말하자 면장님이 단으로 올라가고 그다음 사람 보더니 "지서장님 축사해 주셔야지요?" 하는데 그분은 사양하더라고. 그래서 다음 사람에게도 그렇게 인사하며 나가다가 내 차례가 되었는데 "선생님도 축사해 주셔야지요?" 그러는 거야.
- 누군지 확인도 안 하고요?
- 응, 날 쳐다보더니 좀 난처한 표정을 짓긴 했지만 설마 했는지 그냥 앞에서 면장 빼고는 다 사양하고 있으니까 나도 의례적으로 인사하고 다음 사람에게 넘어가려고 했던 모양인데, 그만 내가 덜컥 잡아 버렸지 뭐야.
- 뭘 잡아요?
- "네, 제가 축사하겠습니다" 그랬다니까.
- 네? 실화예요? 선생님 몇 살 때인데요?
- 만 18세였어.

- 졸업식에 가서 축사할 것이라도 준비하고 오셨나요?
- 준비는 무슨 준비, 나 같은 사람이 축사할 자리가 아니지 않나? 그러니 축사 같은 것은 꿈에도 생각지 않았지.
- 그런데 회장 시켜줘도 못하고 도망친 소년이 축사하라니까 미리 준비한 것도 아닌데 하겠다고 덤볐다고요?
- 맞아, 그 이야기를 하려는 거야. 하여튼 나는 축사를 했고 상당한 공감과 호응을 얻었다네.
- 대단한 용기군요? 그 축사 내용이 어떤 것인지 녹음되었더라면 좋았을 텐데요?
- 그때 내가 예수님 만나고 희망과 용기가 솟아나 혼자라도 공부를 해야 한다는 자각으로 독학을 하기 시작한 때인지라 그런 생각을 이야기했던 것 같아. 그때 한 연설 중에 지금도 기억나는 것은 이런 것이었어.
- 무슨 연설인데요?
- "사람은 발로 땅을 밟고 살지만 머리는 하늘을 향하고 두 눈은 앞을 바라보게 되어 있습니다. 발로 땅을 밟는다는 것은 현실이라는 바탕에서 살아갈 수밖에 없다는 말입니다. 여러분 중에 어떤 사람은 중학교에 들어가는 사람도 있고 중학교에 진학하지 못하는 사람도 있을 것입니다. 이것은 여러분 각자가 처한 현실입니다. 그러나 사람은 머리를 하늘로 향하고 있습니다. 더 높은 이상과 더 높은 가능성의 세계를 생각하며 살아가는 존재라는 뜻입니다. 현실에 묶이지 말고 현실을 있는 그대로 받아들이십시오. 그러나 창의

적으로 생각하고 더 높은 가능성을 생각하며 찾아 내십시오. 우리의 눈은 앞을 보게 되어 있습니다. 먼 미래를 내다보고 희망을 꿈꾸며 노력하십시오." 뭐 그런 연설을 했던 것 같아.

- 우와 18세의 선배가 축사를 빌미로 그런 고차원인 연설을 했다고요? 우리의 머리는 하늘을 향하여 있다는 비유에서 '하나님을 생각하고 기도하라'고 하실 줄 알았는데 그 이야기는 안 하셨나 보네요?

- 내가 어려도 눈치는 있는 사람인데 그런 자리에서 대놓고 전도할 수는 없지 않은가? 빗대어 말하는 거였지.

- 분위기 맞추면서도 대단히 고상한 고차원적 축사를 하신 것 같네요?

- 그렇지? 불안해 하던 교감 선생님도 만족한 미소를 띠고 그제서야 날보고 누구냐고 묻더군. 그래서 여기 졸업하는 아무개의 형이라고만 인사를 했지. 내가 어떻게 그렇게 수줍고 자존감 없고 나서기 두려워하는 소년이 겁 없이 졸업식장에서 즉석으로 축사를 할 만큼 용감해진 것 같나?

- **'나는 더 이상 흙수저 출신이 아니다. 은수저? 아니 금수저? 아니 다이아몬드 수저? 아니 그 이상인 하나님의 아들이다'** 하는 자부심이 그렇게 만들어 주었다는 말씀 하시는 것 아니에요?

- 맞아, 바로 그 이야기야. 이봐 완규, 그리고 동주 자네들이 하나님의 자녀가 되었다는 확신은 대단한 것이야. 자네들 인생엔 좌절이나 의기소침 같은 것이 있을 필요가 없다네. 오직 하나님을 가까

이 하여 기도하며 살아보게. 하나님 자녀의 특권을 누려서 살게 나. 감격하며 살아가게 될 것일세.

- "나는 하나님의 자녀다" 하는 확신으로 살겠습니다. 장래만 생각하면 오그라들고 절망적인 생각이 들곤 했는데 이제 희망을 가지고 살 수 있겠습니다.
- 그러면 하나님이 창조한 타락 이전의 본래적 인간은 어떤 존재였다고 했지?
- 하나님의 '우리 이미지'로 창조되었으며, 하나님과 나와 너의 삼위일체적인 친교 속에 살아가는 존재라고 했지요?

회복된 코이노니아

- 그렇지, 예수님의 십자가는 바로 이 코이노니아를 회복하는 축복이라네. 성경은 이 사실을 이렇게 설명하는데 에베소서 2장 16-18절을 읽어 볼까?

> **엡 2:16-18** [16]또 십자가로 이 둘을 한 몸으로 하나님과 화목하게 하려 하심이라 원수 된 것을 십자가로 소멸하시고 [17]또 오셔서 먼 데 있는 너희에게 평안을 전하시고 가까운 데 있는 자들에게 평안을 전하셨으니 [18]이는 그로 말미암아 **우리 둘이 한 성령 안에서 아버지께 나아감을 얻게** 하려 하심이라

- 둘이 한 몸이 되고 또 하나님과도 화목하게 한다고 하네요. 나와 너와 하나님이 화목한 친교를 나누는 것이군요?
- 그렇지? 둘이 한 성령 안에서 아버지께 나아가고 하나님과 만나고 친교하는 코이노니아 관계를 회복하는 것이지.
- 진정한 코이노니아는 지금은 예수 믿는 사람들 속에서만 가능하지요?
- 왜 그렇게 생각하나?
- 타락하기 이전에는 모두 하나님의 자녀이니까 모두 코이노니아를 경험하고 누리겠지만, 타락한 이후에는 예수 믿기 전에는 하나님과 만날 수 없으니까 믿는 사람들만이 코이노니아가 경험될 것 같아서요.
- 완규 말이 맞지. 그래서 이렇게 예수 믿고 함께 하나님을 섬기고 만나는 공동체로 교회가 세워지는 것이라네. 그래서 성경은 전도가 이 친교 속으로 사람들을 이끄는 일이라고 말하기도 하지. 요한일서 1장 3절인데 읽어보지.

> 요일 1:3 우리가 보고 들은 바를 너희에게도 전함은 **너희로 우리와 사귐이 있게 하려 함이니 우리의 사귐은 아버지와 그의 아들 예수 그리스도와 더불어 누림이라**

보고 들은 복음을 전하는 것은 우리, 즉 이미 믿는 교회 공동체와 사귐, 즉 코이노니아가 있게 하려는 것이고, 우리의 사귐이란 우리

사람들끼리만의 친교가 아니라 아버지 하나님 예수 그리스도 주님과 함께하는 삼위일체적 코이노니아라고 설명하지?
- 그렇네요?
- 그래서 성경은 또 한 몸으로 살아가는 공동체라고도 부른다네.

> **고전 12:26-27** ²⁶만일 한 지체가 고통을 받으면 모든 지체가 함께 고통을 받고 한 지체가 영광을 얻으면 모든 지체가 함께 즐거워하느니라 ²⁷너희는 그리스도의 몸이요 지체의 각 부분이라

- 기쁠 때 함께 기뻐하고 슬플 때 함께 슬퍼하는 몸처럼 하나 된 공동체라는 뜻인가 보네요?
- 그렇다네. 회복된 코이노니아를 경험하고 누리며 함께 하나님을 섬기는 공동체가 되는 것이라네. 성경은 하나님과 나와 너가 하나 된 친교를 이렇게 표현하기도 하지.

> **마 18:19-20** ¹⁹진실로 다시 너희에게 이르노니 너희 중의 두 사람이 땅에서 합심하여 무엇이든지 구하면 하늘에 계신 내 아버지께서 그들을 위하여 이루게 하시리라 ²⁰두세 사람이 내 이름으로 모인 곳에는 나도 그들 중에 있느니라

두 사람이 합심하여 기도하면 하나님께서 응답하신다고 하시면서 사실은 두세 사람이 합심하여 기도하는 그곳에 예수님이 임재하

여 와서 함께하신다고 말씀하시지 않나?
- 나와 너가 합심하여 하나 되고 예수님이 응답하여 오셔서 함께하니 나와 너와 하나님의 삼위일체적인 코이노니아 공동체가 되는군요? 그런데 이게 이론적으로 그리 되는 것이지 실제로 믿는 성도들이라도 하나 되는 게 쉽지 않은 것 같던데요?
- 그래서 우리는 실제로 서로 사랑하는 마음으로 기도하는 일을 하는 게 중요하지. 우리 세 사람이 각자 기도 제목을 나누고 서로를 위하여 함께 기도하고 응답받는 체험을 해보기로 함세. 그러면 서로 지체 의식이 생기고 서로 사랑하는 마음도 생기고 함께 즐거운 친교가 이루어져 가는 것 아니겠나? 내, 간증 하나 해줄까?
- 코이노니아 간증인가요?
- 그런 셈이지.
- 들려 주세요.
- 내가 바나바훈련원이라는 훈련원을 세우고 처음에는 약 10명 안팎으로 모여서 성경공부하고 함께 기도하고 했는데 하나의 소그룹 같았지. 우리는 성경공부만 한 게 아니고 서로 기도 제목을 나누고 함께 기도하는 일을 했어. 그런데 한번은 50대 된 여전도사님이 기도 제목을 나누는데 유방암이 생겨서 수술하기로 병원 예약을 한 상태라면서 잘 치료되게 기도해 달라는 기도 제목을 내놓았어. 그래서 우리는 함께 기도하기로 하고, 내가 그렇게 멘트를 하였지. "성경에 한 지체가 고통을 당하면 모두가 함께 고통하고 영광을 얻으면 함께 기뻐한다고 하였습니다. 우리 이 전도사님

이 암에 걸려 고생하는데 우리 모두 암 환자의 심정으로 함께 이 병을 짊어지고 하나님께 부르짖읍시다. 사랑을 쏟아 부으면서 간절히 기도합시다. 이 전도사님의 어깨에 다 우리의 손을 얹고 고쳐 달라고 부르짖읍시다." 그러고는 함께 하나 되어 부르짖고 통성으로 기도하고 심지어 그 아픔을 함께 느끼며 울며 기도하는 사람도 있었는데, 기도가 끝나자 그 전도사님이 "할렐루야, 여러분의 간절한 사랑의 기도를 하나님이 응답하셨다는 확신이 옵니다. 저는 치유되었습니다. 감사합니다" 하며 그렇게 기뻐하더라고. 그리고 집에 갔다가 한 달 후에 다시 모였는데, 수술 예약 날짜에 병원에 가서 다시 검사했더니 암이 사라졌다고 판정이 나와서 수술을 안 하고 완치 판정을 받았다는 기쁜 소식을 전해 주었다네. 그래서 우리 모두가 얼마나 기뻐하고 감사했는지 모른다네.

– 회복된 코이노니아를 경험하고 누린 것이네요?
– 그렇다네. 하나님께서는 개인 기도도 응답하시지만 합심하여 함께 기도하는 것을 기뻐하시고 더욱 빠르게 응답하시는 것 같더라고. 왜냐하면 하나 되어 하나님을 만나는 코이노니아가 원래 하나님 창조의 의도요 회복의 뜻이기 때문이지.
– 예수님의 십자가는 코이노니아 회복의 은혜이군요?
– 십자가의 모형을 한번 보라고. 코이노니아의 회복을 상징하는 것 같기도 하지?
– 뭐가요?
– 십자가를 그려봐. † 이렇게 두 개의 선이 십자로 만나는 것이지

않나? 하나의 선은 수평으로 나와 너를 잇는 선이고 하나는 아래 위, 수직으로 하나님과 우리를 잇는 선이고. 그래서 십자가는 나와 너, 그리고 하나님과의 코이노니아의 회복을 상징하는 기호가 되기도 하는 것일세.

— 아, 그러네요? 예수님이 십자가에 못 박혀 죽으신 것이 하나님과 나와 너의 끊어졌던 코이노니아를 이어 주는 선이 되었네요? 야, 신기하다. 하필 십자가에 못 박혀 죽으시다니? 교회당마다 십자가를 세우는 상징이 대단한 것이군요?

— 선생님, 궁금해지는데요, 예수님의 십자가 은혜는 타락으로 잃어 버린 본래적 인간을 회복하는 것이라면 에덴의 삶도 회복하는 것인가요?

— 동주는 에덴 동산에서의 아름답고 풍성한 삶을 누리고 싶어지는 모양이지?

에덴의 축복의 회복

— 취직 걱정, 주거 걱정, 결혼 걱정, 현실적인 스트레스가 많은 저로서는 에덴에서의 축복이 절실해지거든요.

— 이보게, 예수님은 그런 걱정 하지 말라고 하신다네. 무엇을 먹을까, 무엇을 입을까, 어디에 주거할까 그런 걱정 내려 놓으라고 하신다니까.

— 성경에 그 말씀의 기록이 있나요?

- 마태복음 6장 31-33절을 읽어봄세.

  > **마 6:31-33** [31]그러므로 염려하여 이르기를 무엇을 먹을까 무엇을 마실까 무엇을 입을까 하지 말라 [32]이는 다 이방인들이 구하는 것이라 너희 하늘 아버지께서 이 모든 것이 너희에게 있어야 할 줄을 아시느니라 [33]그런즉 너희는 먼저 그의 나라와 그의 의를 구하라 그리하면 이 모든 것을 너희에게 더하시리라

- 무엇을 먹을까 무엇을 마실까 무엇을 입을까 염려하지 말라고 했네요? 그런데 의식주 문제 중 주거문제는 빠져 있는데요? 워낙 집값이 비싸서 주거문제는 빼놓고 이야기하시는 것 아니에요?
- 완규 형, 진짜 너무하시는 것 아니에요? 아무리 비싸도 하나님이 집 한 채 만드는 게 어려워 일부러 뺐을라고요?
- 그래 말이야, 완규 형제, 하나님은 없는 데서도 있게 하시는, 즉 무에서 유를 창조하시는 하나님일세. 이 말씀은 한마디로 의식주 걱정하며 살지 말라는 말씀일세. 그런데 염려 걱정하지 말라는 근거가 뭐라고 말씀하시나?
- '너희 하늘 아버지께서 이 모든 것이 너희에게 있어야 할 줄을 아시기' 때문이라고 하는데요?
- 동주 말이 맞지? 의식주가 우리에게 필요하다는 것을 다 하나님 아버지가 알고 계시고 대책을 세우시고 공급하시니 그런 염려에 붙들려 살지 말고, 어떻게 하나님 뜻대로 살고 하나님이 옳다고

하는 대로 살고 하나님 나라를 이루며 살까 그런 걱정이나 하라고 하시는 것이네. 그러니까 **의식주 문제나 걱정하는 낮은 차원의 인생은 졸업하고 하나님 뜻대로 살고자 하여 사는 한 차원 높은 인생을 살라**는 말씀이야.

- 선생님, 진짜 예수 믿으면 먹고 사는 문제 걱정 안 해도 되는 것입니까?
- 일은 해야 하고 노력은 해야 하지만 염려 걱정하며 살지 않아도 된다네. 간증 하나 해주어야 하겠군.
- 취직 문제가 해결된 간증인가요?
- 완규가 취직 걱정에 묶여 있었던 모양인데 이제 해방을 받으시게. 내가 한번은 인도네시아 수도 자카르타에 있는 믿음교회라는 한인교회에서 부흥회를 인도한 적이 있었지. 그때 한번은 하나님의 자녀 된 축복에 대하여 설교한 적이 있어. "예수 십자가의 복음을 믿어 하나님의 자녀가 되면 타락하여 죄인 된 사람에게 내려졌던 모든 저주로부터 해방됩니다. 왜냐하면 예수님의 십자가는 우리의 죄를 지고 가심일 뿐 아니라 죗값으로 내려졌던 모든 저주도 지고 가셨기 때문입니다. 염려 대신 기도하시고, 평생의 삶에 하나님의 뜻을 이루며 살고 싶다고 기도하십시오." 그런 설교를 했다네.
- 그래서요?
- 그러고는 집에 왔지.
- 그게 끝이에요?
- 약 한 달이 지났는데 그 믿음교회 담임 목사로부터 이메일이

왔어.
- 어떤 내용인데요?
- 부흥회 하던 당시에 그 교회에 한 젊은 집사가 있었다네. 그런데 그가 다니던 회사가 어려워져서 퇴직을 당했대. 결혼하고 어린아이도 하나 있는 그런 젊은 집사였는데 실직되어 살길이 막막하니 엄청난 염려, 근심, 걱정, 스트레스로 죽을 지경이었다는군. 그런데 그가 그 하나님 자녀의 특권 설교 중에 모든 저주가 사라지고 하나님의 축복이 회복된다는 설교를 들으며 굉장한 위로를 받기도 하고, 하나님 아버지의 사랑과 그 자녀를 위한 축복과 배려에 대한 확신이 생겨 그날 즉시 작정하고 새벽기도에 힘쓰기로 했대. 그래서 새벽마다 "저를 구원하시고 자녀 삼으신 하나님, 저에게서 모든 저주를 걷어 가시고 축복의 백성으로 삼으신 하나님, 감사합니다. 제가 최근 실직자가 되어 많은 염려 가운데 사로잡혀 있었는데 이 염려하던 불신앙을 회개합니다. 하나님께서 저와 우리 가정의 의식주 문제를 해결해 주실 줄 믿습니다. 하나님이 마련해 놓으신 직장이 어디 있는지 속히 찾게 하여 주십시오. 저는 한평생 의식주에 매달려 사는 것이 아니라 하나님의 뜻을 성취하며 주님의 영광을 위하여 살고 싶습니다." 그렇게 감사와 소망으로 새벽마다 기도하였는데 일주일도 안 되어서 취직을 하게 되었다고 하면서, 이 간증을 강사 목사님에게도 꼭 전해 달라고 한다면서 이메일로 알려왔더라고.
- 간단하네요?

- 하나님께서 하시면 간단하다네. 아버지를 믿고 기도하게나. 완규, 이제는 염려에서 해방될 수 있겠지?
- 아, 예, 그런데 우리가 저주에서 해방되었고 하나님의 축복을 받게 되었다는 성경구절도 있나요?
- 있다마다. 좋아, 말씀으로 확인하고 확신에 거한다는 것은 좋은 일이지. 갈라디아서 3장 13절을 읽어 보게.

> **갈 3:13** 그리스도께서 우리를 위하여 저주를 받은 바 되사 율법의 저주에서 우리를 속량하셨으니 기록된바 나무에 달린 자마다 저주 아래에 있는 자라 하였음이라

- 그리스도께서 우리를 위하여 저주를 받은 바 되셨다는 것은 우리 죄를 지고 십자가에서 죽으신 것을 말하지요?
- 그렇지. 그렇게 함으로 저주에서 속량하셨다, 더 이상 저주 아래 있지 않게 저주 문제를 해결하셨다는 것이니 저주에서 해방시켰다고 말해도 되는 것이라네.
- 저주에서 해방시켰다는 말씀은 확인했고요, 축복한다는 말씀도 있나요?
- 완규가 이름대로구나. 완전한 규격이네. 저주에서 해방시켰으면 축복인 것이지? 꼭 축복한다는 말도 확인해야 한다고? 좋아, 갈라디아서 3장 9절을 읽어 보라고.

> 갈 3:9 그러므로 믿음으로 말미암은 자는 믿음이 있는 아브라함과 함께 복을 받느니라

- 믿음으로 말미암은 자는 아브라함과 함께 복을 받는다고 하는데요? 아브라함은 누구지요?
- 아하, 아브라함이 누군지도 가르쳐 줘야 하는 초신자이지? 아브라함은 타락한 사람들 중에 하나님이 선택하셔서 하나님을 나타내시고 믿음으로 살면 복을 주리라 하셨고, 또 아브라함의 후손, 혈통적 후손뿐만 아니라 영적 후손, 즉 믿음의 사람들이 복을 받으리라고 약속한 사람인데 우리도 예수 믿어 하나님의 자녀가 되면 하나님의 그 약속의 축복을 믿음으로 받아 누리게 된다는 말씀이지.
- 아하 그렇군요? 이제 에덴에 있던 생명나무는 어찌 되나요? 영생도 회복되나요?

영생의 회복

- 물론이지. 접근할 수 없게 했던 생명나무를 다시 세우시고 영생하게 하신다네.
- 에덴에 있던 그 생명나무가 아니고 새로 심어요?
- 이 땅에는 생명나무가 없어. 타락한 세상에서 영생은 저주이니까 구원받은 사람만 접근할 수 있는 곳에 새로운 생명나무를 두신

다네.
- 거기가 어디인데요?
- 요한계시록 22장 1-2절을 읽어봄세.

계 22:1-2 ¹또 그가 수정같이 맑은 생명수의 강을 내게 보이니 하나님과 및 어린양의 보좌로부터 나와서 ²길 가운데로 흐르더라 **강 좌우에 생명나무가 있어 열두 가지 열매를 맺되 달마다 그 열매를 맺고 그 나무 잎사귀들은 만국을 치료하기 위하여 있더라**

- 강 좌우에 생명나무가 있다고 하는데요, 어느 강이지요?
- 그 앞에 생명수의 강이라고 하지 않았나? 천국에 조성된 생명강이라네. 생명강이 흐르고 생명나무가 있는 천국에서 영원히 산다는 말이지.
- 아, 이 땅에서의 영생은 아니고 천국에서의 영생이라는 말씀이지요?
- 그렇다네. 그런데 성경은 예수를 믿을 때에 이미 우리가 영원한 생명을 지니게 된다고 가르친다네. 요한복음 6장 47절을 확인함세.

요 6:47 진실로 진실로 너희에게 이르노니 믿는 자는 영생을 가졌나니

- '믿는 자는 영생을 가졌다'이네요. '영생하게 될 것이다'가 아니라

'영생을 가졌다'고요?
- 그렇다네. 예수를 믿을 때에 예수님의 생명이 우리 안에 들어오고 우리는 이미 영생을 소유하고 살다가 하늘나라에 가서 영원히 누린다네.
- 그렇게 영생이 회복되는군요?
- 그러면 구원받은 나는 누구인가 동주가 한번 정리해 보게.
- **첫째, 구원받은 나는 죽었던 영이 살아나고 하나님의 자녀의 지위와 특권을 가진 하나님의 자녀다.**

  둘째, 구원받은 나는 사랑이 회복되어 하나님과 나와 너의 친교가 살아나는 코이노니아 공동체 교회의 일원이 된다.

  셋째, 구원받은 나는 저주에서 벗어나 하나님의 축복의 백성이 된다.

  넷째, 구원받은 나는 영생을 얻었으며 천국에서 영생한다.
- 원더풀, 동주가 정확하고 분명하게 잘 정리하여 주네 그려. 자, 그러면 이제 '**우리 주 예수 그리스도의 은혜**'가 왜, 그리고 얼마나 대단한 축복인지 알겠나?
- 주 예수 그리스도의 은혜가 타락하고 저주 아래 놓인 인간의 운명을 바꾸어 원래 창조한 에덴 동산의 인간 본질을 회복하게 하고 원래의 축복을 되돌려 놓는 은혜이군요? 그래서 "주 예수 그리스도의 은혜가 너희에게 있을지어다"라는 축복이 가장 큰 축복, 근본적인 축복이 되는 것이군요?
- 그렇다네. 자네들 평생 이 축복 안에 거하여 살아가게나.

- 아멘, 그렇게 하겠습니다. '**주 예수 그리스도의 은혜**' 안에 살겠습니다.

읽는 양육서/신앙의 기초 1

주 예수 그리스도의 은혜

1판 1쇄 인쇄 _ 2021년 11월 10일
1판 1쇄 발행 _ 2021년 11월 20일

지은이 _ 이강천
펴낸이 _ 이형규
펴낸곳 _ 쿰란출판사

주소 _ 서울특별시 종로구 이화장길 6
편집부 _ 745-1007, 745-1301~2, 747-1212, 743-1300
영업부 _ 747-1004, FAX 745-8490
본사평생전화번호 _ 0502-756-1004
홈페이지 _ http://www.qumran.co.kr
E-mail _ qrbooks@daum.net / qrbooks@gmail.com
한글인터넷주소 _ 쿰란, 쿰란출판사
페이스북 _ www.facebook.com/qumranpeople
인스타그램 _ www.instagram.com/qrbooks
등록 _ 제1-670호(1988.2.27)
책임교열 _ 송은주·신영미

ⓒ 이강천 2021 ISBN 979-11-6143-618-0 94230
　　　　　　　　979-11-6143-617-3(세트)

책값은 뒤표지에 있습니다.
이 출판물은 저작권법에 의해 보호를 받는 저작물이므로 무단 복제할 수 없습니다.
파본(破本)은 구입처에서 교환해 드립니다.